［復刻版］

等科修身

［中・高学年版］

文部省

ハート出版

〔復刻版〕

初等科修身

〔中・高学年版〕

教育に関する勅語

朕惟《おも》うに、我が皇祖皇宗国を肇《はじ》むること宏遠に、徳を樹《た》つること深厚なり。我が臣民克《よ》く忠に克く孝に、億兆心を一《いつ》にして世々《よよ》厥《そ》の美を済《な》せるは、此《こ》れ我が国体の精華にして、教育の淵源亦《また》実に此《ここ》に存す。爾臣民《なんじしんみん》父母に孝に、兄《けい》弟《てい》に友に、夫婦相和し、朋友相信じ、恭倹己《おの》れを持し、博愛衆に及ぼし、学を修め、業《ぎょう》を習い、以《もっ》て智能を啓発し、徳器を成就し、進《すすん》で公益を広め、世務を開き、常に国憲を重《おもん》じ、国法に遵《したが》い、一旦緩急あれば義勇公《こう》に奉じ、以て天壌無窮《てんじょうむきゅう》の皇運を扶翼《ふよく》すべし。是《かく》の如きは独り朕が忠良の臣民たるのみならず、又以て爾祖先の遺風を顕彰するに足らん。

斯《こ》の道は実に我が皇祖皇宗の遺訓にして、子孫臣民の倶《とも》に遵守すべき所、之《これ》を古今に通じて謬《あやま》らず、之を中外に施して悖《もと》らず。朕爾臣民と倶に拳々服膺《けんけんふくよう》して、咸其《みなその》徳を一にせんことを庶幾《こいねが》う。

明治二十三年十月三十日

御名御璽《ぎょめいぎょじ》

【口語訳】

天皇である私が思うところを述べてみよう。我が御先祖が日本の国を建てたのは遥か大昔のことである。それ以来、代々の御先祖が国民に深く厚い道徳を示してきた。それに対して我が国民は君に忠孝を尽くし、全ての国民が心を一つにして、そのような美風をつくりあげてきた。これは我が国柄の輝かしい光であると同時に、教育の根本でもある。

国民よ、父母に孝行し、兄弟仲良くし、夫婦は仲睦まじく、友達同士お互いに信じ合い、自分は常に謙虚な心をもち、世の人々に博愛の手を差し伸べ、学問を修め、職を手につけ、それによって知識と才能を養い、人格を磨き、進んで公共のために貢献して世の中に役立ち、常に憲法を尊重して法律を遵守し、国家の一大事には義勇の精神で一身を捧げなさい。それらを実践することで、永遠に続く皇室の盛運をお助けしなさい。

それは、ただ天皇に対して忠義ある善良な国民であることを示すだけでなく、国民の祖先が作り上げてきた伝統的美風を、さらに世に明らかにすることにもなるだろう。

以上述べた教えは、我が御先祖の遺訓であり、子孫国民が共々に守り従わなければならないことである。この教えは昔も今も通じる間違いのないものであり、日本だけでなく外国で実行しても決して道理に反しない。私はこの教えをしっかりと心に刻み守っていくので、皆も一緒に実践することを切望して止まない。

昭和十四年五月二十二日

青少年学徒に賜わりたる勅語

国本《こくほん》に培い、国力を養い、以て国家隆昌《りゅうしょう》の気運を永世に維持せんとする任たる極めて重く、道たる甚《はなは》だ遠し。而《しこう》して、其《そ》の任実に繋《かか》りて汝等《なんじら》青少年学徒の双肩に在り。汝等其れ気節を尚《たっと》び、廉恥《れんち》を重んじ、古今の史実に稽《かんが》え、中外の事勢に鑑《かんが》み、其の思索を精にし、其の識見を長じ、執《と》る所中《ところちゅう》を失わず、嚮《むか》う所正《ところせい》を謬らず、各《おのおの》其の本分を恪守《かくしゅ》し、文を修め、武を練り、質実剛健の気風を振励し、以て負荷の大任を全くせんことを期せよ。

【口語訳】

国家の基礎を築き上げ、国力を伸ばし、国がますます栄えてゆく気運を、いつまでも維持しようという務めは極めて重大であり、とても長い歳月のかかる困難なものである。そして、その大任は君たち青少年学徒の双肩にかかっている。君たちは、困難に屈しない、信念を曲げない強い意志を持ち、名誉を重んずることを心がけ、古今の史実、国内国外の情勢を深く洞察し、正しい判断を下す能力を高め、中庸を守ることを忘れず、正しい道を踏み外さず、各自その本分をつつしんで守り、学問、武道を修め、質実剛健の気風を奮い起こし、そうして各自の双肩にかかっている大任を完全に成し遂げる決心をせよ。

目録

初等科修身 二（四年生用）

初等科修身 三（五年生用）

初等科修身 四 （六年生用）

凡例

一、本書は、文部省著『初等科修身』一〜四（昭和十七〜十八年発行）を底本としました。
一、「教育に関する勅語」「青少年学徒に賜わりたる勅語」には、ルビと句読点を追加しました。
一、原則として、旧字は新字に、旧仮名づかいを新仮名づかいに改めました。
一、漢字カタカナ交じり文は、漢字平仮名交じり文に改めました。
一、鉤括弧内末尾の句点は除きました。
一、短歌の前後に改行を入れました。
一、地図内の文字を描き直しました。
一、巻末に、「用語説明」と、矢作直樹氏による「解説」を追加しました。

〔編集部より〕
当社で復刻を希望される書籍がございましたら、本書新刊に挟み込まれているハガキ等で編集部まで情報をお寄せください。今後の出版企画として検討させていただきます。

初等科修身　一

一　み国のはじめ

遠い大昔のこと、いざなぎのみこと、いざなみのみことという、お二方の神様がいらっしゃいました。

このお二方が、天《あま》の浮橋《うきはし》にお立ちになって、天《あま》のぬぼこというほこをおろして、海の水をかきまわしながら、おあげになりました。すると、ほこの先から、海の水のしずくがしたたり落ちて、一つの島となりました。

お二方は、この島におくだりになって、ごてんをお作りになりました。そうして、次々と、たくさんの島をお生みになりました。日本の国

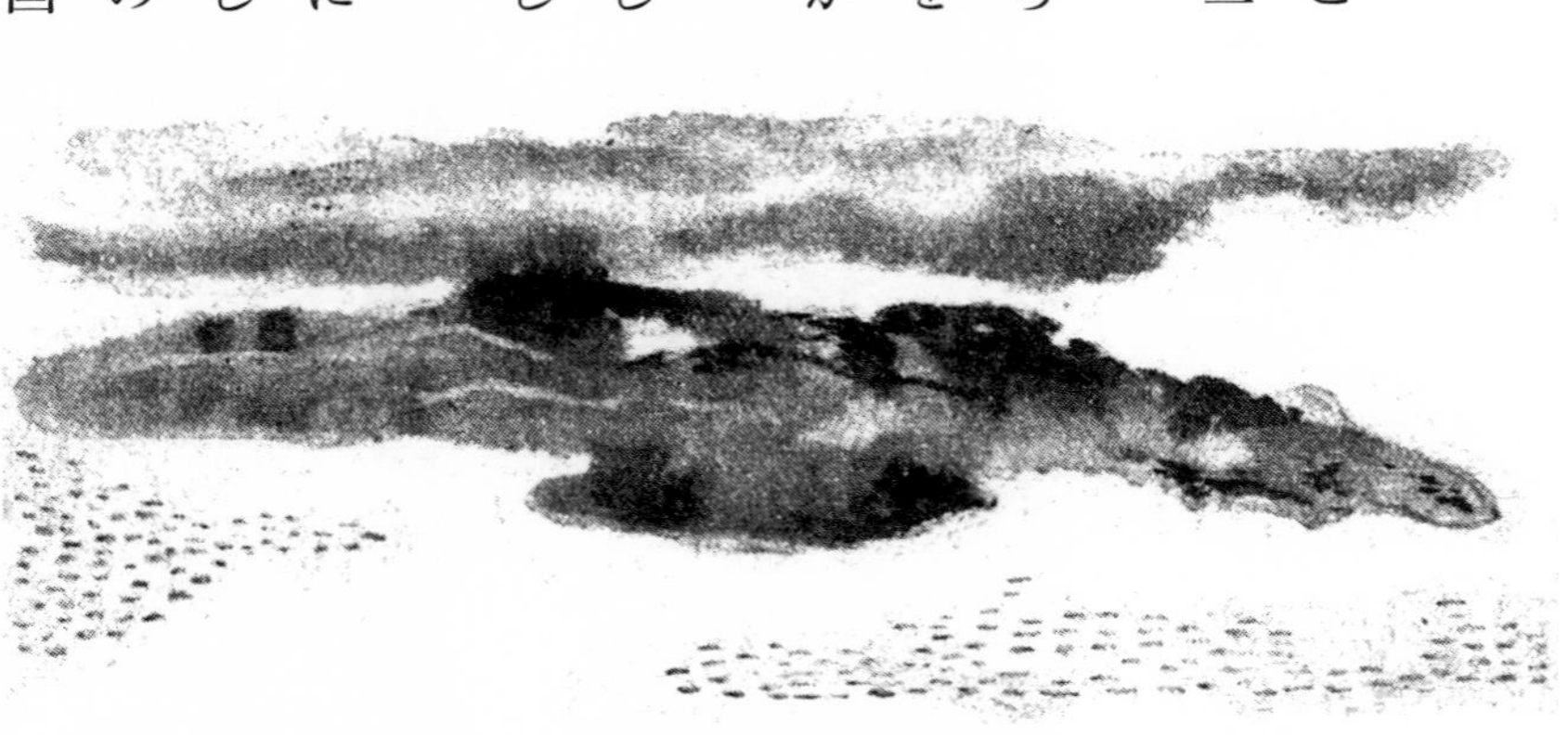

は、こうして、できあがって行きました。

国ができあがると、今度は、たくさんの神様をお生みになりました。

天照大神《あまてらすおおみかみ》が、お生まれになりました。いざなぎのみことは、たいそうお喜びになって、かけていらっしゃった御首《おんくび》かざりを、おさずけになりました。

天照大神は、日神《ひのかみ》とも申しあげ、天皇陛下の御祖先《ごそせん》にあたらせられる、御徳《おんとく》の高い神様であります。

伊勢《いせ》の内宮《ないくう》は、この天照大神を、おまつり申しあげたお宮であります。

二　春

神様のお生みになった日本の国は、山川の美しい国です。ことに、春夏秋冬のうつりかわりのはっきりした国です。

冬の間、ずっと寒い風に吹きさらされていた草や木は、春になると、みどりの芽を出して来ます。暖い風がそよそよ吹いたり、かすみがたなびいたりする間に、草や木はすくすくと育って行きます。

梅が咲き、桃が咲き、さくらが咲き、いろいろの花が咲

きそろうころになると、めじろや、うぐいすや、たくさんの小鳥が、木の枝から枝へとんで、うれしそうにさえずります。ちょうやはちも、よろこんで、花のみつをさがしてあるきます。空には、高くひばりがまいあがります。私たちも、たいそううれしくなって、つみ草をしたり、野山に遊んだりします。

春のけしきは、ほんとうに明かるくて、おだやかです。冬にはあらい波の立っていた海も、おだやかになります。川の水も、池の水も、明かるくすんで、何となくやわらかそうに見えます。

夜の空には、おぼろ月がのぼります。うすいきぬでもたれたように、ぼうとうるんで、見あげる私たちの心をおだやかにします。

私たちは、三年生になりました。日本の春のように、明かるい、ほがらかな心の人になって、仲よくくらすようにつとめましょう。

三　日本の子ども

世界に、国はたくさんありますが、神様の御《おん》ちすじをおうけになった天皇陛下が、おおさめになり、かぎりなくさかえて行く国は、日本のほかにはありません。いま日本は、遠い昔、神様が国をおはじめになった時の大きなみ心にしたがって、世界の人々を正しくみちびこうとしています。

私たちのおとうさん、にいさん、おじさんなどが、みんな勇ましくたたかっていられます。戦場に出ない人も、みんな力をあわせ、心を一つにして、国をまもらなければならない時です。

正しいことのおこなわれるようにするのが、日本人のつとめであります。私たちは、神様のみおしえにしたがって、世界の人々がしあわせになるように、しなければなりません。

日本の子どものだいじなつとめは、一生けんめいにべんきょうすることです。べんきょうは、ただ、ものごとをおぼえるだけではありません。心を正しくし、美しくし、よく考え、よく工夫し、からだを強くきたえることが、みんなべんきょうです。

私たちは、日本のようにすぐれた国に生まれたことをよくわきまえて、心をりっぱにみがかなければなりません。そうして、からだをじょうぶにし、強いたくましい日本国民になって、お国のためにはたらくことができるように、しっかりべんきょうすることがたいせつです。

四　小子部《ちいさこべ》のすがる

雄略《ゆうりゃく》天皇は、すがるというやくにんをおめしになって、「こ」をたくさん集めて来いとおおせになりました。そのころ、かいこのことを「こ」といいました。すがるは、心がやさしくて、子どもがすきでありました。

「こを集めてまいるのでございますか。かしこまりました」

と申しあげて、すがるは、出かけて行きました。「こ」というのを、子どものこととはやのみこみして、にこにこしながら、町や村へふれて歩きました。

「陛下のおおせだから、子どもたちは集れ。さあさあ、みんなついて来い」

天皇のおめしと聞いて、子どもたちは、いったい何ごとであろう

かと、男の子も、女の子も、すがるのまわりに集りました。

「これこれ、そっちの子、はなをたらしていてはいけない。これこれ、こっちの子。口をあんぐりさせているぞ。これこれ、さわいではいけない。みんな、おぎょうぎよくするのだ」

子どもたちは、大喜びで、すがるのそでにぶらさがったり、腰にまきついたりします。

すがるは、歩き始めました。子どもたちは、みんな、いろいろの歌を歌いながら、後から、ぞろぞろついて行きます。

御所《ごしょ》にまいると、子どもたちを待たせておいて、すがるは、すぐにお取次ぎをねがいました。

「おおせによって、子どもをたくさん集めてまいりました」

天皇がごらんになると、たくさんの子どもたちが、

おぎょうぎよくすわっています。みんな、すがるに教えられたとおり、両手をついて、つつしんでおじぎをしました。

天皇は、お笑いになりました。そうして、

「子どもたちを、だいじに育ててやるように」

と、おおせになりました。

御所の近くに、大きなやしきをたまわって、すがるは、たくさんの子どもたちを、教えみちびくことになりました。

「この子どもたちが、りっぱな国民となって、陛下に忠義《ちゅうぎ》をつくし、お国のために、はたらくことができるように、育てあげなければならない」

と、すがるは考えました。

「みんな、陛下のみめぐみを忘れてはならないぞ」

いつも、そういって聞かせながら、子どもたちをだいじに育てました。

五　時のきねん日

六月十日は、時のきねん日です。

この日は、今から千三百年ばかり前に、天智《てんじ》天皇がごじしんでお作りになった水時計《みずどけい》で、始めて、みんなに時をお知らせになった日であります。

天智天皇の、お作りになった水時計というのは、水のもれるしかけで、時をはかる時計《とけい》です。

今では、はしら時計や、おき時計や、うで時計や、たくさんあって、正しい時を知らせてくれますが、昔の人は、時を知るのに、いろいろと工夫したものであります。

しかし、どんなにりっぱな時計があっても、私たちが、時を知るだけでなく、時を正しく守るように、心がけなければ何にもなりません。

学校の授業《じゅぎょう》は、時間通りにおこなわれます。家にかえっても、おさらいとか、運動《うんどう》とか、ごはんとか、みんな時

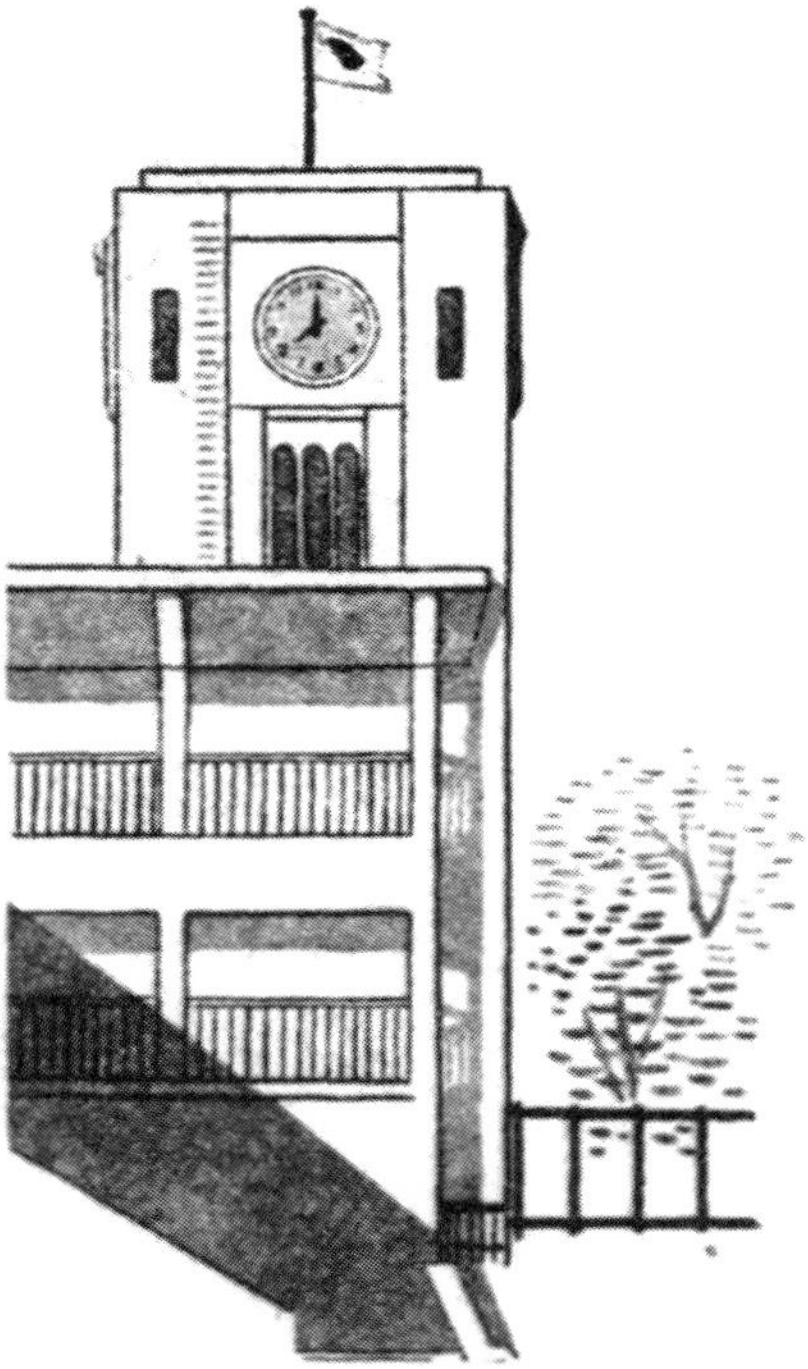

をきめて、それをよく守らなければなりません。そうでないと、人にめいわくをかけるばかりでなく、からだを弱くしたり、病気になったりします。

時を守ることは、やさしいようで、なかなかむずかしいことです。時計を見るたびに、私たちは、正しく時を守るように心がけましょう。

時のきねん日をきねんして、みんなで、きまりよくくらすように心がけましょう。

六　種痘《しゅとう》

六月になって、私たちは、種痘をしました。

今年しなかった人は、来年《らいねん》することになっています。種痘は、疱瘡《ほうそう》という、おそろしい病気をふせぐためにするのです。

ジェンナーという人がありました。少年《しょうねん》のころ、いしゃの弟子《でし》になりましたが、ある日のこと、ぎゅうにゅうしぼりの女が、先生に病気を見てもらいに来ました。

その女は、顔にひどいふきでものがあって、きのどくなようすをしていました。

先生は、しんさつをすまして、

「疱瘡です」

といいました。すると、その女は、ふしぎそうな顔をして、

「私は、いつか牛痘《ぎゅうとう》にかかったことがありますから、疱瘡にかかるはずはありませんが」

といいました。そばで聞いていたジェンナーは、

「これは、ふしぎな話だ。もしかしたら、この女のいうことは、ほんとうかも知れない。ひとつ、しらべてみて、よいちりょうほうを考え、きのどくな病人をすくってやりたい」

と思いました。

まず、人のからだに牛痘をうえて、疱瘡にかからないようにすることを思いつきました。友だちに話をすると、みんなあざわらってあい手にしません。

「そんなことをいうなら、つきあいをやめるぞ」

とまでいいました。

それでもかまわず、ジェンナーは、二十年あまりも、いろいろと、牛痘や疱瘡のことをしらべて、こんきよく、工夫をつづけました。そうして、とうとう、種痘の方法《ほうほう》を見つけ出しました。

ジェンナーは、この方法を、自分の子どもにやってみました。わざと、疱瘡をうつそうとしましたが、どうしてもうつりませんでした。そこで、この方法を、早く世の

中の人に知らせようとして、そのことを本に書きました。

世の中の人は、なかなかそれを信用《しんよう》しませんでした。

「牛痘をうえた子どもは、顔がしだいに牛になって、声も牛のほえるようになるそうだ」

などと、わる口をいいました。

しかし、そのうちに、だんだんこの種痘のほんとうによいことがわかって、世の中にひろまるようになりました。

七　つばめのす

つばめは、毎日、せっせと、土をくわえて来ました。いく日かたつと、正男さんの家ののき下に、つばめのすができあがりました。

正男さんは、つばめがじっとしたまま、すからはなれないのを見て、できるだけ静かにしておきました。

ある日のこと、庭先に、かわいらしい卵のからが落ちているのを見つけました。さっそく、おとうさんにいいますと、おとうさんは、

「つばめの子が生まれたのだよ」
とおっしゃいました。正男さんは、うれしくなって、早く子つばめが顔を出さないかと、たびたび見あげましたが、つばめのすは、ひっそりとしていました。

二三日たって、やっと、「チイチイ」という小さな鳴声が、聞え始めました。

つばめの親は、毎日、一生けんめいです。すにかえって来たかと思うと、またすぐとび出して行きます。そのたびに虫を取って来ては、子つばめにたべさせます。

子つばめは、だんだん大きくなって、おどけた顔をすの中から出し始めました。親つばめがかえって来ると、「私にください」「私にください」といって、たいへんなさわぎです。

親つばめは、虫をくわえて来て、子つばめの口に入れてやると、今度は、子つばめのしたふんをくわえてとび出して行きます。正男さんは、親つばめのすることに、すっかり感心しました。

八　夏の夕方

夕方になりました。

ねえさんが、

「庭に水をまきましょう」

といって、私を呼びました。

夏が来てから、夕方に、水をまくのは、ねえさんと私のしごとになっています。

私は、すぐに元気よくへんじをして、庭へ出ました。はだしになってみると、地面は、夕方になっても、まだやけつくようです。

ねえさんは、ほうきとちり取りを持って来て、

「私がはくから、水をくんでおいで」

といいました。

私は、小さなバケツをさげて、水をくみに行きました。

ねえさんは、せっせと庭をはいています。

私は、その後から、勢よく水をまきました。

庭をはいてしまうと、ねえさんが、

「私もまきましょう」

といって、バケツを取って来ました。

今度は、二人でまきました。木の根もとにもかけました。かだんの草花にも、水をやりました。草や木が、みんな昼間の苦しみを忘れて、生きかえったようになりました。

水まきをすますと、私たちは、どうぐをもとのところへかたづけました。ねえさんといっしょに、きれいな水をくんで、からだをふいたときには、何ともいえないよい気持になりました。

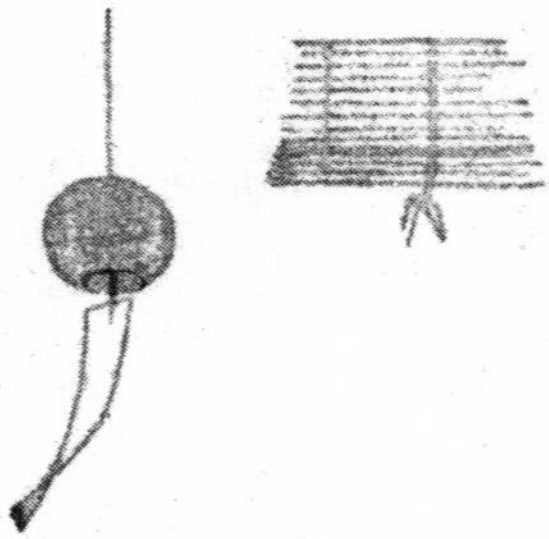

九　大神《おおみかみ》のお使

天照大神《あまてらすおおみかみ》は、たけみかづちの神、ふつぬしの神、お二方の神をお使として、出雲《いずも》の大国主神のところへおつかわしになりました。

お使の神様は、出雲へおくだりになって、大国主神に、おごそかにこう申されました。

「天照大神のおおせであります。日本の国は、大神の御子孫《ごしそん》のおおさめになる国である。このおおせを、あなたはどうお考えになりますか」

大国主神は、

「うけたまわりました。このことにつきましては、私の子の事代主神《ことしろぬしの》に、おおせをいただきとうございますが、あいにく、魚を取りに遠くの海べへ出て、まだかえってまいりません」

と、お答えになりました。

そこで、お使の神様は、事代主神にあって、おたずねにな

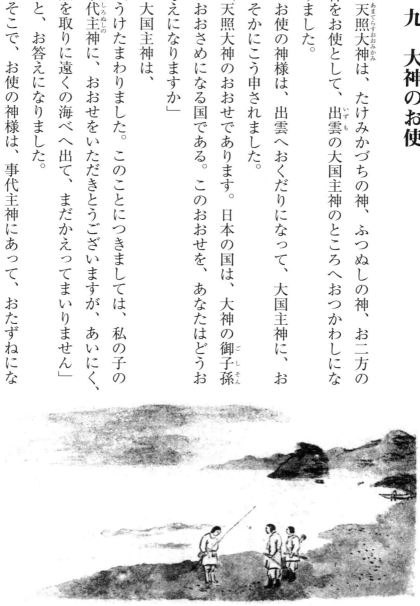

りました。

するど、事代主神は、

「まことに、もったいないことでございます。おおせによりまして、きっと、この国土を大神の御子孫にたてまつりましょう」

と、お答えになりました。

お使の神様は、もう一度、大国主神のところへおかえりになって、

「あなたのお子、事代主神は、こうこういわれました」

と申されました。

大国主神は、つつしんでお答えになりました。

「私の子、事代主神が申しました通り、大神のおおせにしたがいまして、この国土をたてまつります。私も、私の子も、まごころをもって、大神の御子孫におつかえいたします」

お使の神様は、高天原《たかまがはら》へおかえりになって、天照大神に、このことを申しあげられました。天照大神は、大国主神のまごころを、たいそうお喜びになりました。そうして、大国主神のために、大きな宮をおつくらせになりました。これが、出雲の大社《おおやしろ》の始りであります。

また、お使となられたたけみかづちの神は、鹿島《かしま》に、ふつぬしの神は、香取《かとり》に、いずれもおまつりしてあります。

十　秋

さわやかな秋の風に吹かれて、すすきの穂は白く光ります。なでしこや、おみなえしや、ききょうの花は、見るからにかわいらしい姿で咲いています。

空は、すみからすみまで、まっさおに晴れ渡って、ときどき、「ききき」と、もずが声高く鳴きます。夜は草むらで、松虫や、すず虫が、美しいねをたてます。

すきとおった秋の光をあびて、きれいな空気を胸いっぱい吸うと、身《み》も心も、ひきしまってきます。

稲の穂が出そろって、やがて、きんいろの波が、たんぼ一面おおうようになります。そろそ

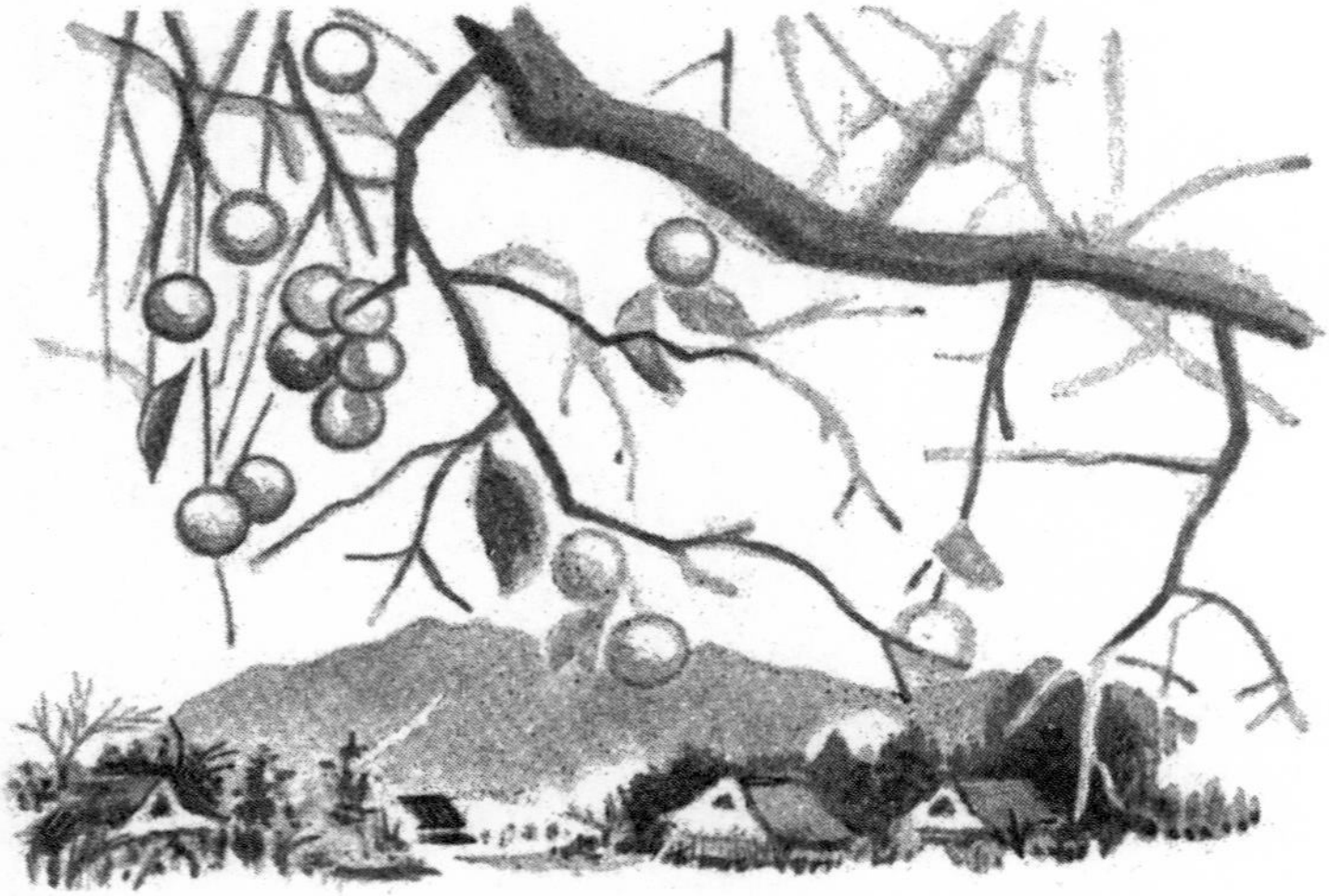

ろ、稲かりが始ります。

柿の実は赤くなり、みかんは黄色くなり、野山の木という木は、黄に、くれないに、美しく色づきます。田や畠では、みんな、取入れにいそがしく、ひたいに汗をにじませてはたらきます。

いつのまにのぼったのか、鏡のような月が、あたりを明かるくてらします。きれいにすんだ秋の月に向かうと、心の底まで見とおされるようで、かくしだてなどは、できないような心持になります。

秋は、心もからだも、きりっとひきしまって、気持のよい時ですから、からだをしっかりときたえ、また、本を読んだり工夫したりするように心がけましょう。

十一　にいさん

うら庭で、にいさんといっしょに、すいせんのいもを植えていると、何だか、家の中がにぎやかになりました。

やがて、しょうじがあいて、

「やあ、なかなか精が出るね」

と、おじさんの声がしました。いとこの健《けん》ちゃんも、にこにこしています。

おかあさんが、

「きりのよいところでやめて、うちへおはいり」

といわれました。

ぼくは、にいさんと、そこらにちらばっているわらくずをかたづけて、うちへはいりました。

おじさんが、

「どうだ、武男《たけお》くん。足の方は」

といわれますと、にいさんは、

「たいしたことはありませんが、まだ、ちょいちょい痛みます」

といいました。ぼくは、にいさんのふじゆうな足の方を、そっと見ました。

にいさんは、戦地で左の足にけがをして、長

い間病院にいましたが、もうよくなったので、この間、
かえって来たのです。

おじさんは、

「だいじにするんだね」

といわれました。

「はい、そうして、もう一度、戦地へ行ってはたらきたいと思います」

と、にいさんは元気な声でいいました。

「そうだ。その気持がたいせつだ。戦地へ行かない者も、みんな、にいさんと同じ気持で、しごとに精を出して、りっぱに御奉公《ごほうこう》をしよう」

と、おじさんはいわれました。おかあさんが、

「今度は、進や健ちゃんが、兵隊さんになる番ですね」

といわれたので、ぼくは、健ちゃんと顔を見合わせて、思わずにっこりしました。

十二　心を一つに

昔、元《げん》という国の大軍が、支那をせめ取った勢で、日本まで押し寄せて来るといううわさが、つたわりました。

「来るならいつでも来い。一人も上陸させないで、みんなたたきつぶしてやろう。もしも来なければ、こっちから海を渡って、元の国へせめこんで行こう」

というので、日本では、石のとりでをきずいて、いつ敵軍が来ても、打ちはらうことのできる用意をしました。また方々に立札が立って、

「今度、元の国へせめて行くことになった。これにくわわりたい者は、名前と年とを書いて、とどけるように」

というおふれが出ました。

立札の前は、毎日黒山のような人だかりです。中でも勇ましい武士《ぶし》たちは、この立札を見て、みんな勇み立ち、われもわれもと、あらそって出征するように願い出ました。

こういうおじいさんもありました。お国のために、自分もどうかして出征したいと考えましたが、八十五歳《さい》という年よりなので、歩くことさえできません。すると、六十五になった子どもと、四十になった孫とが、

「しんぱいなさらないように。私たちが、あなたに代って出征して、きっと、りっぱなてがらを立てますから」

といいました。

おじいさんはたいそう喜んで、

「私は、八十五でざんねんながら、おやくに立ちませんが、子と孫とはぜひ出征させます」

というとどけを書いて、やくしょにさし出しました。

また、こういうおばあさんもありました。年を取っていたので、子どものせわになっていましたが、このおふれを聞くと、自分のふじゆうなどはかまわないで、

「私は、女で戦争に出られませんが、子ども二人は、どんなにしても出征させます。

きっと、夜を日についで、かけつけるでしょう」

というとどけを出しました。

こうして、その時の日本人は、男も女も、年よりも子どもも、みんな心を一つにあわせ、国のためにつくそうという心にもえ立ちました。

そののち、元の大軍は、日本に押し寄せて来ましたが、さんざんに破られてしまいました。

十三　一つぶの米

二宮《にのみや》金次郎のおとうさんは、金次郎が十四の時になくなりました。

金次郎は、おかあさんの手つだいをして、小さな弟たちのせわをしました。そうして、よく家のためにはたらきましたが、まもなく、おかあさんも死んでしまいました。

金次郎の兄弟は、別れ別れになって、よその家へもらわれて行きました。金次郎は、おじさんのうちで、せわになることになりました。

おじさんのうちにいて、金次郎は、昼は田や畠をたがやし、夜は、なわをなったり、わらじを作ったりしました。悲しいことがあっても、つらいことがあっても、金次郎はよく

しんぼうしました。

「家をおこし、国をさかんにするには、心をゆるめないではたらかなければならない」

と考えたのでした。

ある時、金次郎は、川ばたのあれ地を開いて、なたねをまきました。なたねは少ししかありませんでしたが、あくる年の春になると、一面に美しい花が咲いて、春も終るころには、なたねがたくさん取れました。

金次郎は、あぶら屋に頼んで、それをあぶらに代えてもらいました。夜のしごとがすむと、そのあぶらで火をともして、本を読みました。

ある時、大水が出たことがありました。金次郎は、水のためにあらされてしまったところを、よくたがやし、すててあった稲の苗を拾い集めて、そこに植えつけました。秋になると、それがよくみのって、一俵《ぴょう》のお米が取れました。

「一つぶの米でも、次から次へと育てて行けば、たくさんの米になる。同じ土地でも、よく手入れをすれば、りっぱな田ができる。なまけると、草がはえて、土地があれてしまう」

と考えて、金次郎は、それからいっそう精を出してはたらきました。

十四　多聞丸《たもんまる》

楠木正成《くすのきまさしげ》は、小さい時の名を、多聞丸といいました。

ある日のこと、多聞丸は、自分のへやで、何かこしらえていました。わき目もふらないで、木を切ったり、けずったり、ほったりしていました。

やがて、できあがったのは、小さなかめでした。多聞丸は、それを持って池へ行きました。

近所の子どもたちが、四五人集って来て、

「何をしているの」

とたずねました。

「かめをこしらえたのだ。よく見てごらん」

「なるほど。うまくできている」

「このかめは、生きているように動くよ。動かしてみようか」

といって、多聞丸は、ぽんぽんと手をうちました。すると、かめは動いて、ぶくりと水の中へ沈んで行きました。

「ふしぎだなあ」

「これはおどろいた」

みんなが目をみはっていますと、多聞丸は、にこにこしながら、

「今度は、かめを呼んでみよう」

といって、ばらばらとえさをまきました。するとかめは、ぽかりと浮いて、ぐるぐる泳ぎまわりました。

子どもたちは、ただあきれてしまいました。

「このかめは、ふなをつるよ。つらせてみようか」

みんなは、まさかそんなことはできないであろうと思いました。多聞丸は、平気な顔で、かめをそばへよせて、静かに引きあげました。

かめの腹には、一本の長い馬の毛が、結びつけてありました。そうして、その先には、ひれをつながれたふなが、ぴんぴんはねていました。

「ああ、ふなが結びつけてある」

みんなは、始めてしかけがわかって、すっかり感心しました。

十五　消防演習《しょうぼうえんしゅう》

けたたましいベルの音がしました。小使さんが、かねをふりながら、走って来ました。火事《かじ》の知らせでした。

私たちは、前から先生に、教えられていたように、急いで窓をしめました。どうぐも何も持たないで、教室を出ました。二列にならび、足もとに気をつけて、かいだんをおりました。みんな、左の手をポケットに入れ、右手にハンケチを持って、口をおさえながら、学校の門を出ました。

先生が、一通り、人数をおしらべになりました。みんないることがわかったので、また歩きだしました。学校からあまり遠くない、あき地まで来ました。

先生が、

「番号」

といわれたので、私たちは、はっきりと番号をかけました。

みんな、あわてないように気をつけて、学校の方を見ていました。そのうちに、高等科《こうとうか》の生徒が、二人かけて来て、

「急いで校庭《こうてい》に集れ」

といって、すぐ引き返しました。私たちは、先生について学校へかえりました。

運動場には、消防自動車が来ていました。警防団《けいぼうだん》の人たちが、元気よく立ちはたらいていました。

ホースが、むくむくとふくれたかと思うと、まもなく、水が勢よく出始めました。水は、だんだん高くなって、屋根よりも上へあがりました。教室に水がはいらないかと、しんぱいしていると、まもなく水の出るのがやみました。

私たちは、消防自動車が見えなくなるまで、見送りました。

十六　日の丸の旗

どこの国でも、その国のしるしとして、旗があります。日本の旗は、日の丸の旗です。朝日が、勢よく、のぼって行くところをうつした旗です。

若葉の間にひるがえる日の丸の旗は、いかにも明かるく、海を走る船になびく日の丸の旗は、元気よく見えます。

青くすんだ空に、高々とかかげられた日の丸の旗は、いかにもけだかく、雪のつもった家の、軒先に立てられた日の丸の旗は、何となく暖く見えます。

日の丸の旗は、いつ見ても、ほんとうにりっぱな旗です。

祝祭日《しゅくさいじつ》に、朝早く起きて、日の丸の旗を立てると、私どもは、

「この旗を、立てることのできる国民だ」

「私たちは、しあわせな日本の子どもだ」

と、つくづく感じます。

日本人のいるところには、かならず日の丸の旗があります。どんな遠いところに行っている日本人でも、日の丸の旗をだいじにして持っています。そうして、日本の国のおめでたい日や、記念の日には、日の丸の旗を立てて、心からおいわいをいたします。

　敵軍を追いはらって、せんりょうしたところに、まっ先に高く立てるのは、やはり日の丸の旗です。兵士たちは、この旗の下に集って、声をかぎりに、「ばんざい」をさけびます。

　日の丸の旗は、日本人のたましいと、はなれることのできない旗です。

十七　冬

冬になって北風が吹き始めると、草は土の下で眠りにつき、木は葉をすっかり落して、冬ごもりの用意をします。さびしくなった田や畠の中では、寒さに強い麦だけが、青いうねを作っています。

子どもたちは、風の中に立って、いせいよく麦ふみをします。

麦ふめ　ほうい。

麦ふめ　ほうい。

麦はふまれると、根がいっそう強くなるのです。根を深くはって、雪やしもにも、たえしのんで、強い底力をやしないながら、春の来るのを待ちます。

麦ふめ　ほうい。麦ふめ　ほうい。

子どもたちの勇ましい声は、北風にのって、遠くまで聞えて行きます。

山には、早くから雪がつもって、白くなります。雪は、だんだん、平地にも降って来て、地面をも、まっ白にします。

雪のたくさん降る地方では、つもった上にも、つもって、家の軒先まで、とどくようになります。

子どもたちは、スキーで列を作って、元気よく、学校へ通います。みんな、はげしい寒さに負けないで、楽しく雪国の冬をくらすのです。

雪の降るころには、海の色は暗く、波は高くなります。波は、いその岩にくだけて、まっ白いしぶきを立てます。

しお風は、身を切るように、つめたいものです。いそべの松が、しお風に吹かれて強くなるように、海べの子どもたちは、寒い波風にきたえられながら、強くなって行きます。

冬はどこにいても、強くなるのに、よいきせつです。おおしい気持でくらすのに、よいきせつです。

十八　円山応挙《まるやまおうきょ》

応挙は、京都《きょうと》のぎおんの社《やしろ》に出かけて行って、毎日、鶏の遊んでいるようすを見ていました。じっと、鶏ばかりみつめているので、人はふしぎに思いました。

一年ばかりたってから、応挙は、鶏の絵をかいて、社におさめました。

お参りに来た人たちは、

「よくかけている」

「まるで生きているようだ」

といって、ほめました。

ある日、やさいを売って歩くおじいさんが通りかかって、しばらく見ていました。

「鶏はいいが、草があるのはおかしい」

と、おじいさんは、ひとりごとをいいました。

応挙は、そのことを聞いて、おじいさんの家へたずねて行きました。

おじいさんは、

「私など、絵のことは少しもわかりませんが、ただ、長い間、鶏を飼っていますので、羽の色つやが、きせつによってちがうことを、ぞんじております。あの鶏の羽は、冬のようですが、そばに夏の草がかきそえてあるので、ふしぎに思ったのでございます。しつれいなことを申しまして、まことにすみませんでした」

といいました。応挙は、

「よいことを教えてくださった」

と、ていねいにお礼をいってかえりました。

応挙は、そののち、また鶏の絵をかいて、あのおじいさんに見せました。おじいさんは、すっかり感心しました。それよりも、自分のような者にでもよく聞いて、絵をかこうとする応挙を、ほんとうにりっぱな人だと思いました。

十九　負けじだましい

板垣退助《いたがきたいすけ》は、小さい時から負けぎらいでした。すもうがすきで、仲よしの後藤象二郎《ごとうしょうじろう》と、よくすもうをとって遊びました。

象二郎が強いので、何度とってもかないません。けれども、退助は、投げられても、倒されても、起きあがるとすぐ、

「もう一度やってくれ」

といって、とびかかって行きました。

退助があまりこんきよいので、しまいには、象二郎の方で、

「わたしが負けた。わたしが負けた」

といって、退助の負けぎらいなのに感心しました。

※

後藤新平《ごとうしんぺい》は、まずしい家に生まれたので、子どものころは、いつも、つぎのあたった着物を

着ていました。けれども、新平は、平気で学校へ通いました。

夜は、眠くなるのをふせぐために、てんじょうからなわをつるして、それでからだをしばって、勉強をつづけました。

※

大山巌《おおやまいわお》が、若い時のことでした。イギリスの軍艦が、鹿児島《かごしま》へせめ寄せて来たことがあります。

海と陸とで、はげしく大砲をうちあいましたが、なかなか勝ち負けがつきません。

これを見た元気な巌は、いきなり着物をぬぎすて、刀をせおって、敵艦めがけて、勢よく泳いで行きました。敵軍は、この勇ましい姿を見て、びっくりしました。

二十　皇后《こうごう》陛下

皇后陛下は、たいそうおなさけ深く、国民をよくおいつくしみになります。

お小さい時から、たいそうおきまりよく、ごしっそにおくらしになりました。

おもちいになるものは、いつもだいじにお取りあつかいになり、そのせいとんも、ごじしんでなさいました。

関東《かんとう》に大じしんがあったときには、たくさんの着物をおぬいになって、困っている者にお恵みになりました。

満洲事変《じへん》には、戦地の寒さをお思いになって、軍人たちに、まわたをたまわりました。戦場で、きずを受けた人たちに、ごじしんでお作りになった、ほうたいをたまわりました。

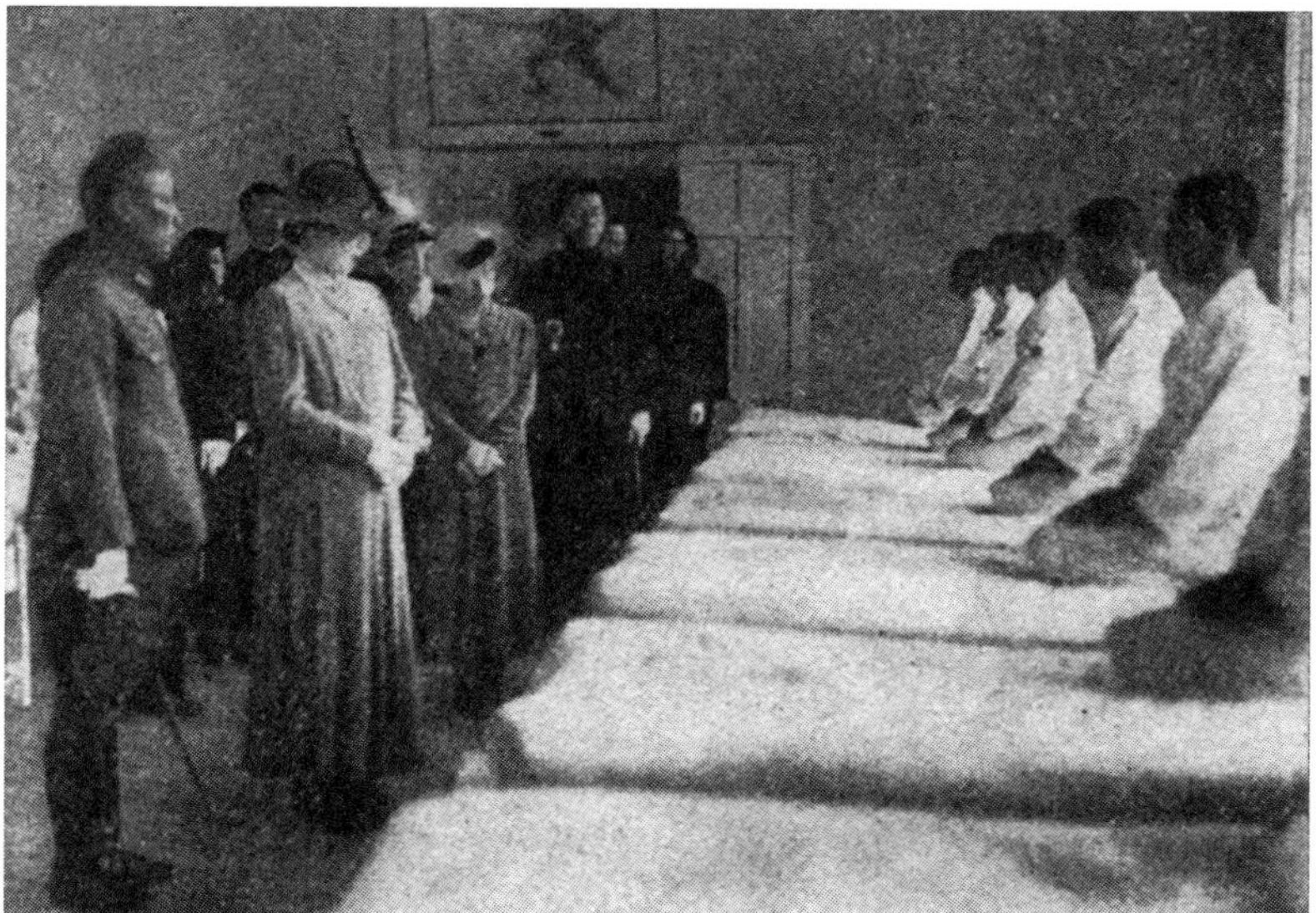

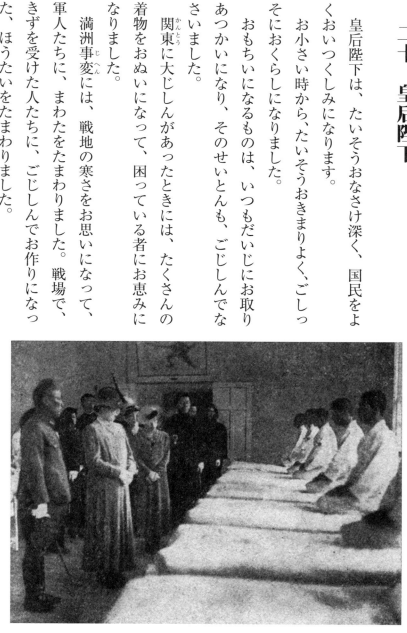

支那事変が起ってからは、いくたびとなく、陸海軍の病院へお出ましになって、白衣《はくい》の勇士をおなぐさめになりました。お庭にできた草花などを、おつかわしになったこともあります。

また、戦地にある軍人のために、わざわざおあみになった、えりまきをたまわったこともあります。

私どもは、日本国民として、皇后陛下の御恵みを、しみじみと、ありがたく感じるものであります。

初等科修身　二

一　春から夏へ

四月三日の神武天皇祭《さい》には、そろそろさくらの花が咲きます。この日は、神武天皇がおかくれになった日で、宮中では、お祭があります。

さくらの花も散って、春風に若葉がそよぐころ、私たちは、四月二十九日の天長節を迎えます。この日、国民は、こぞって、天皇陛下の御代万歳をことほぎたてまつります。

八十八夜の過ぎるころから、農家《のうか》では、仕事がだんだんいそがしくなって来ます。苗代《なわしろ》をこしらえたり、かいこを飼ったり、麦の取入れをしたり、田植をしたり、田の草を取ったり、害虫をのぞいたり、次から次へと、仕事がつづきます。暑い日ざしのもとで、汗を流して働きます。

祝日《しゅくじつ》には、宮中で、おいわいの御儀式《おんぎしき》がおこな

われます。私たちの学校でも、式があげられます。

祭日《さいじつ》には、宮中で、いろいろのお祭があります。宮中には、賢所《かしこどころ》、皇霊《こうれい》殿、神殿と申す三つの御《ご》殿《てん》があって、天皇陛下が、したしくお祭をなさるのであります。祭日には、学校の授業《じゅぎょう》はありません。しかし、私たちは、その日つつしみの心をもって、過さなければなりません。

二「君が代」

君が代は
ちよにやちよに
さざれ石の
いわおとなりて
こけのむすまで

この歌は、

「天皇陛下のお治めになる御代は、千年も万年もつづいて、おさかえになりますように」という意味《いみ》で、国民が、心からおいわい申しあげる歌であります。

「君が代」の歌は、昔から、私たちの先祖《せんぞ》が、皇室のみさかえをおいのりして、歌いつづけて来たもので、世々の国民のまごころのとけこんだ歌でありま

す。

祝日《しゆくじつ》や、おめでたい儀式《ぎしき》には、私たちは、この歌を声高く歌います。しせいをきちんと正しくして、おごそかに歌うと、身も心も、ひきしまるような気持になります。

戦地で、兵隊さんたちが、はるかに日本へ向かって、声をそろえて、「君が代」を歌う時には、思わず、涙が日にやけたほほをぬらすということです。

また、外国で、「君が代」の歌が奏されることがあります。その時ぐらい、外国に行っている日本人が、日本国民としてのほこりと、かぎりない喜びとを感じることはないといいます。

三　靖国神社《やすくに》

東京の九段坂《くだんざか》の上に、大きな青銅《せいどう》の鳥居が、高く立っています。その奥に、りっぱな社が見えます。それが靖国神社です。

靖国神社には、君のため国のためにつくしてなくなった、たくさんの忠義な人々が、おまつりしてあります。

毎年春四月三十日と、秋十月二十三日には例大祭《れいたいさい》があって、勅使《ちょくし》が立ちます。

また、忠義をつくしてなくなった人々を、あらたにおまつりする時には、臨時《りんじ》大祭がおこなわれます。その時には、天皇陛下が行幸《ぎょうこう》になり、皇后陛下が行啓《ぎょうけい》になります。

お祭の日には、陸海軍人はいうまでもなく、参拝者が引きもきらず、あの広いけいだいが、すきまのないまでになります。

君のため国のためにつくしてなくなった人々が、こうして神社にまつられ、そのおまつりがおこなわれるのは、天皇陛下のおぼしめしによるものであります。

私たちの郷土にも、護国神社《ごこく》があって、戦死した人々がまつられています。

私たちは、天皇陛下の御恵みのほどをありがたく思うとともに、ここにまつられている人々の忠義にならって、君のため国のためにつくさなければなりません。

四　能久親王《よしひさしんのう》

北白川宮《きたしらかわのみや》能久親王は、賊《ぞく》をおうちになるために、台湾《たいわん》へお渡りになりました。明治二十八年五月のことでありました。

お着きになったのは、台湾の北のはしの、さびしい村でありました。お休みになるような家もないので、幕を張り、そまつな椅子《いす》を置いて御座所としました。夜になると、かがたくさん出て、よくお眠りになることもできませんでした。

軍をお進めになるにしたがって、ごなんぎは、いっそうくわわって行きました。

けわしい山坂をおこえになるのに、青竹をつえにつき、わらじに岩かどをふみしめてお進みになりました。

木かげも何もない戦場で、焼けつくような、はげしい日光にさらされながら、戦争の指図をなさいました。

こんなきけんなこともありました。大きな川をへだてて、賊と向かい合っておいでになると、おりから飛んで来た大砲の弾が、御上をかすめて、おそばに落ちました。しかも、親王は、まるでそれにお気づきにならないかのように、おちついていらっしゃいました。

そのうちに、わるいねつ病がはやりだして、たくさんの兵士が、次々にかかりました。親王は、御自分のきけんをおいといもなく、兵士をおみまいになり、召しあがり物までもお分けになって、おいたわりになりました。

こうして、台湾は、日一日と、おだやかになって行きましたが、南の方には、まだ賊が残っていましたので、その方へお進みになりました。すると、その途中で、親王は、ねつ病におか

かりになりました。おそばの者は、しんぱい申しあげて、

「おとどまりになって、ごようじょうなさいますように」

と、おすすめいたしましたが、親王は、

「自分は、重いつとめの身であるから、一日も、とどまるわけにはいかない。いのちのあるかぎりは進もう」

とおっしゃって、そまつなかごにお乗りになって、お進みになりました。

御病気は、しだいに重くおなりになりました。そうして、君のため国のため、このようにおつくしになった親王は、とうとう遠い台湾の地でおなくなりになりました。

五　宮古島《みやこじま》の人々

明治六年、ドイツの商船ロベルトソン号は、日本の近海で、大あらしにあいました。帆柱は吹きおられ、ボートは押し流され、あれくるう大波の中に、三日三晩、ゆられにゆられました。そうして、運わるく、沖縄県《おきなわけん》の宮古島の沖で、海中の岩に乗り上げてしまいました。

船員たちは、こわれた船に取りついて、一生けんめいに助けをもとめました。

この船をはるかに見た宮古島の見張りの者は、すぐ人々を呼び集めて、助け舟を出しました。しかし、波が高いので、どうしても近づくことができません。日はとっぷりとくれました。しかたなく、その夜は、陸にかがり火をあかあかとたいて、ロベルトソン号の人たちをはげましながら、夜を明かしました。

あくる日は、風もおとろえ、波もいくらか静かになりました。島の人々は、今日こそと勇んで、海へ乗り出しました。舟は、木の葉のようにゆられ、たびたび岩にぶつかりそうになりましたが、みんなは力のかぎりこいで、やっとロベルトソン号にたどり着きました。そうして、つかれきっている船員たちを、残らず助けて帰りました。

薬をのませたり、傷の手当をしたりして、島の人々はねんごろにかいほうしました。ことばが通じないので、国旗をいろいろ取り出して見せますと、始めてドイツの人であることがわかりました。

こうして一月あまりたつ間に、ドイツ人は元気になりました。そこで島の人々は、一そうの大きな船をかして、ドイツ人を本国へ帰らせることになりました。出発の日、島の人々は、かねやたいこで、にぎやかに見送りました。何人かの人は、小舟に乗って、案内をしながら、はるか沖あいまで送って行きました。

船員たちは、月日を重ねて、ぶじに本国へ帰りました。うれしさのあまり、あう人ごとに、しんせつな日本人のことを話しました。

そのうわさが、いつのまにか、ドイツの皇帝に聞えました。皇帝は、たいそう喜んで、軍艦に記念碑《ひ》をのせて宮古島へ送りました。その記念碑は、今もこの島に立っていて、人々の美しい心をたたえています。

六　日本は神の国

今から六百年ばかり前のことです。

北畠親房《ちかふさ》は、後醍醐《ごだいご》天皇の仰せを受け、義良親王《のりながしんのう》のおともをして、東国の賊軍をこらしめるために出かけました。

途中、海上で、はげしいあらしにあい、親房は、常陸《ひたち》の国へ流れ着きました。

親房は、わずかの兵をつれ、ここの城、あそこの城にたてこもって、賊の大軍とたたかいつづけました。

親房は、つくづく思いました。

「このころ、賊の勢のさかんなのは、日本の尊い国がらをわきまえない者が多いからである」

そこで、親房は陣中にありながら、ふでをとって国史《こくし》の本を書くことにしました。

親房は、その本の初めに、こう書きました。

「大日本は、神の国である。神が、この国をお開きになり、天照大神《あまてらすおおみかみ》が、天皇の御位を、ながくさかえますように、お伝えになった。これは、わが国だけにあったことで、ほかの国には、まったくないことである。だからこそ、わが国のことを、神の国というのである」

天照大神の仰せによって、神のお血すじをおうけになった天皇が、日本をお治めになります。

臣民《しんみん》は祖先《そせん》のこころざしをうけついで、ひたすら、天皇の大みわざをおたすけ申しあげてまいりました。かように、国の初めから、君と臣との分がさだまっているということが、日本の国の一番尊いところであります。

外国の歴史《れきし》を見ますと、一つの国が起るかと思えば、やがてほろび、そのあとに、また別の国が起るというようなことを、何度もくり返しています。日本のように、一つの国が、天地のつづくかぎりさかえるということは、決して見られないのであります。

親房は、このことを、その国史の本に書きました。親房の本は、六百年前に、人々の心をふるい立たせたばかりでなく、今の人々をも、力強く教えみちびいてくれるのであります。

親房は、この本の中に、

「忠義をつくし、命をすてるのは、臣民の道である」

といっていますが、これは、私たちの忘れてはならないことばであります。

七　野口英世《ひでよ》

英世は、三歳の時、いろりの中にころがり落ちて、ひどいやけどをしました。母のかいほうで、命だけは取りとめましたが、左の手は、五本の指がくっついて、まったくきかなくなってしまいました。

それでも、英世は元気に育ちました。その上、りこうでしたから、五六歳のころには、何をやっても、近所の子どもに負けたことはありませんでした。子どもたちは、くやしまぎれに、英世の手がかたわであることをからかいました。

学校へ行くようになると、いっそうみんなから、笑われたり、からかわれたりしました。英世は、じっとそれをこらえて、

「よし、手はかたわでも、一心に勉強して、お国のために、きっとりっぱな仕事をしてみせるぞ」

と、かたい決心をしました。

英世の家は、磐梯《ばんだい》山のふもとの町へつづいた道のそばにありました。かやぶきの小さな農家《のうか》

で、わらござをしいた部屋が二つ、あとは土間ととなり合わせの馬小屋があるだけでありました。

母は、骨身おしまず、よく英世のめんどうを見ました。この母にたいしても、英世は、ほかの子どものように、遊んでいる気にはなれませんでした。

その地方は、雪の多いところでしたが、元気な英世は、どんな大雪の日でも、休まず学校へ通いました。

りこうで、元気で、何事にもねっしんな英世に感心した人たちは、その手がかたわであることを、かわいそうに思いました。こうした人たちのしんせつで、英世は、ある医《い》者《しゃ》の手術を受けました。すると、これまで不自由だった手が、どうやら使えるようになりました。それにつけても、英世は、医者というものがありがたい人助けの仕事であることを知り、自分も医者になって、世のため人のためにつくしたいと思いました。

そこで英世は、学校をそつぎょうすると、さきに手術をしてもらった医者の弟子《でし》になりました。そうして、先生の手伝いをして、一生けんめいに働くかたわら、いろいろと医学の本を読み、また外国語のけいこをしました。

やがて、英世は東京に出ました。二十一歳の時、医者のしけんをりっぱに受けて、いつでも医者になることができるようになりました。

しかし、それだけでまんぞくするような英世ではありませんでした。まもなく、アメリカ合衆国《がっしゅうこく》に渡って、勉強をつづけ、研究《けんきゅう》を重ねました。次々に医学上の新しい発見をし、むずかしい病気をなおす方法《ほうほう》を考えて、たくさんの人々をすくいました。

昭和三年、英世はアフリカへ渡って、恐しいねつ病の研究をしました。おしいことに、自分もその病気にかかって、とうとうその地でなくなりました。五十三歳でありました。

このことが、かしこきあたりに聞えますと、特に旭日重光章《きょくじつじゅうこうしょう》という勲章《くんしょう》をお授けになりました。世界の学者《がくしゃ》たちは、人類の恩人をうしなったといって、たいそうおしみました。

八　日本は海の国

日本は海の国です。海の恵みを受け、海にまもられて来た国です。

昔から海にしたしんで来た私たちの祖先《そせん》は、はてしもない大海原《おおうなばら》を乗りきって、遠く海外に出かけました。

今の日本は、海国日本の名のとおり、世界いたるところの海洋に、日の丸の旗をかかげて、国の光をかがやかしながら活動《かつどう》しています。

へさきに菊の御紋章を仰ぐ帝国軍艦は、み国のまもりもかたく、太平洋から印度洋《いんど》にかけて、その威力を張っています。

海国日本のほまれをあげるぶたいは、かぎりなく大きいのです。その広いぶたいに、日の丸の旗をささげて進むのが、私たちの尊いつとめです。

九　焼けなかった町

大正十二年九月一日、東京では、朝からむし暑く、ときどきにわか雨が降ったり、また急にはげしい日がさしたりしました。

ちょうど、お昼になろうとする時でした。気味のわるい地鳴りとともに、家もへいも、一度にはげしく震動しました。がらがらと倒れてしまった家も、たくさんありました。

やがて、倒れた家から、火事が起りました。あちらにも、こちらにも、火の手があがって、見る見るうちに、一面の火の海となりました。

水道は、地震のためにこわれて、火を消すこともできません。火は、二日二晩つづいて、東京の市中は、半分ぐらい焼けてしまいました。

ところで、この大火事のまん中にありながら、町内の人たちが、心をあわせてよく火をふせいだおかげで、しまいまで焼けないで残ったところがありました。

この町の人たちは、風にあおられて四方からもえ移って来る火を、あわてずよくおちついて、自分たちの手でふせいだのです。

まず、指図する人のことばにしたがって、人々は二列に並びました。第一列のはしの人が、井戸から水をくんで、バケツやおけに移すと、人の手から手へとじゅんじゅんに渡して、ポン

プのところへ送りました。第二列の人たちは、手早く、からになったバケツやおけを井戸の方へ返して、新しい水を汲みました。

そのうちに、こういう列の組が、いくつもできました。みんな、一生けんめいに水を運びました。また、ほかの一隊は、手分けをして、火の移りやすい店のかんばんを取りはずしたり、家々の窓をしめてまわったりして、火の移らないようにしました。

こうして、夜どおしこんきよく火をふせぎました。年よりも子どもも、男も女も、働ける者は、みんな出て働きました。自分のことだけを考えるような、わがままな人は、一人もいませんでした。

次の日の晩おそくなって、やっと火がもえ移る心配がうすらいで来ました。みんなは、それに力づいて、とうとうしまいまで働きつづけました。

見渡すかぎり焼野の原になった中に、この町だけは、りっぱに残りました。

十　秋から冬へ

二百十日もことなくすんで、みのりの秋が来ました。秋の祭日は秋季皇霊祭《しゅうきこうれいさい》から始ります。秋季皇霊祭は、秋分の日です。

宮中では、天皇陛下の御祖先《ごそせん》のみたまをおまつりになります。

どこのたんぼを見ても、重そうに稲の穂がたれて、金色の波がうちます。十月十七日の神嘗祭《かんなめさい》がまいります。今年の初穂《はつほ》を、まず伊勢《いせ》の神宮におあげになる日であります。宮中ではお祭があり、伊勢の神宮へは勅使《ちょくし》がたちます。

神嘗祭が過ぎて、農家《のうか》は、ますますいそがしくなります。稲刈りの人たちは、雲一つ見えない、すみわたった秋空の下で、一生けんめいに働きます。

十一月三日は明治節です。咲きそろった黄菊白菊の高いかおりのうちに、明治の御代のみさかえをしのびます。

色づいた葉も、すっかり落ちて、取り残された柿の実が二つ三つ。取入れはもうすんで、新嘗祭《にいなめさい》の日がまいります。十一月の二十三日です。

この日、天皇陛下は、しもの白く置く寒夜を、明け方にかけて、今年の初穂をお供えになって、したしく神々をおまつりになり、秋のゆたかなみのりのお礼をおのべになって、ごじしんも召しあがるのであります。

もうこのころから、だんだん冬らしくなります。しも柱をふんで学校へ急ぐ朝、私たちのはく息が、白く見えて、寒さは、日一日とくわわります。

年の暮が近づくと、一年のうちで最後の旗日、大正天皇祭がまいります。十二月二十五日、この日、天皇陛下の御父君大正天皇が、おかくれになったのであります。

天皇陛下には、宮中で、おごそかなお祭をなさって、多摩陵《たまのみささぎ》には、勅使をお立てになります。

十一　山田長政《ながまさ》

今から三百二十年ばかり前に、山田長政は、シャムの国へ行きました。シャムというのは、今のタイ国のことです。

そのころ、日本人は、船に乗って、さかんに南方の島々国々に往来《おうらい》し、たくさんの日本人が移り住んで、いたるところに日本町というものができました。シャムの日本町には、五千人ぐらい住んでいたということです。

二十何歳でシャムへ渡った長政は、やがて日本町の頭《かしら》になりました。勇気にみち、しかも正直《しょうじき》で、義気のある人でした。

シャムの国王は、ソンタムといって、たいそう名君《めいくん》でありました。

長政は、日本人の義勇軍をつくり、その隊長になって、この国のために、たびたびてがらを立てました。

国王は、長政を武官に任じ、のちには、最上の武官の位置に進めました。

日本人の中で、武術にすぐれ、勇気のあるもの六百人ばかりが、長政の部下としてついていました。長政はこれら日本の武士と、たくさんのシャムの軍兵をひきいて、いつも、堂々と戦に出かけました。長政が、ひおどしのよろいを着け、りっぱな車に乗り、シャムの音楽を奏しながら、都にがいせんする時などは、見物人で、町という町がいっぱいだったということです。

長政は、こうして、この国のために、しばしば武功をたて、高位高官にのぼりましたが、その間も、日本町のために活動し、日本へ往来する船の世話をし、海外ぼうえきをさかんにすることにつとめました。身分が高くなってからは、ほとんど毎年のように、自分で仕立てた船を日本へ送っていました。

長政がシャムへ渡ってから、二十年ばかりの年月が過ぎました。名君のほまれ高かったソンタム王もなくなり、年若い王子が、相ついで国王になりました。こうしたすきに乗じたのか、そのころ、シャムの属地であったナコンという地方が、よく治りませんでした。そこで、国王は、あらたに長政をナコン王に任命しました。

そのため、王室では、さかんな式があげられました。まだ十歳であった国王は、特に国王のもちいるのと同じ形のかんむりを長政に授け、金銀やたからものを、山のように積んで与えました。

長政は、いつものように、日本の武士とたくさんのシャムの軍兵をつれて、任地へおもむきました。すると、ナコンは、長政の威風《いふう》

に恐れて、たちまち王命をきくようになりました。

おしいことに、長政は、ナコン王になってから、わずか一年ばかりでなくなりました。

長政は、日本のどこで生まれたか、いつシャムへ行ったかもはっきりしません。それが一度シャムへ渡ると、日本町の頭となり、海外ぼうえきの大立物となったばかりか、かの国の高位高官に任ぜられて、日本の武名を、南方の天地にとどろかしました。外国へ行った日本人で、長政ほど高い地位にのぼり、日本人のために気をはいた人は、ほかにないといってもよいでしょう。

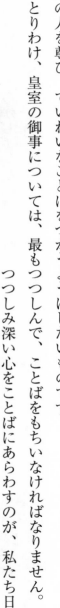

十二　ことばづかい

つつしみの心を持ち、行儀よくするためには、まず、平生のことばづかいに、気をつけなければなりません。ことばづかいがぞんざいであれば、人がらがわるく見えます。私たちは、目上の人を尊び、ていねいなことばをつかうようにしたいものです。とりわけ、皇室の御事については、最もつつしんで、ことばをもちいなければなりません。つつしみ深い心をことばにあらわすのが、私たち日本人のすぐれた点です。

　また、友だちどうし、お話する時にも、ことばづかいに気をつけることが、大切であります。いつも、はきはきしたことばで、元気よく、ものをいわなければなりません。しかし、元気よくしようとして、ことばがらんぼうになったり、人の話を聞かないで、自分だけ話しかけたりして、相手をおもしろくない心にさせるのは、よくないことです。

　手紙を書くのも、話をするのと同じことです。ことばづかいに気をつけるのはもちろん、文字もていねいに、はっきりと書くことが大切であります。

手紙を受け取った時には、決してそまつにせず、返事のいるものは、すぐに出すようにしなければなりません。返事を出さないのは、話しかけられて、返事をしないのと同じことです。したしくなると、私たちは、行儀よくすることを忘れて、何事も、ぞんざいになりやすいものですが、これは、よく気をつけなければならないことであります。したしい仲にも、おたがいに行儀よくしあって、いつまでも仲よくつき合うようにつとめましょう。

十三　明治天皇の御徳《おんとく》

明治天皇は、国たみを子のようにおいたわりになり、苦しみも、楽しみも、国たみとともにしようとなさいました。

明治十一年、北国をおまわりになって、地方のようすをごらんになりました。新潟《にいがた》県で、御車の中から、目のわるい者が多いのをごらんになって、早く目をなおすようにと、お手もと金をお恵みになりました。このことを記念して、九月十八日を目の記念日としております。

地震や、大水や、大火事があった時などには、いつも御心をおいためになって、ふしあわせな国たみをおいたわりになりました。また、病気にかかって、薬をもとめることができない者があることをお聞きになって、特にみことばをたまわり、たくさんのお手もと金をたまわったこともあります。

明治二十三年に、愛知《あいち》県で大演習があった時のことであります。天皇は、雨のはげしく降る中を、兵士と同じように、御ずきんをお召しにならず、熱心に全軍のお指図をなさいました。

明治二十七八年の戦役《せんえき》には、大本営《だいほんえい》を広島へお進めになりましたが、かざり一つもないせまい御間に、八箇月という長い間をお過しになりました。朝は早くから、夜はおそくまで、少しのひまもお休みにならないで、次から次へと、いろいろの御命令をおくだしになりました。

天皇は、きわめて御質素でいらっしゃいました。おそれ多いことでありますが、宮中の表御座所でおもちいになるすずり箱や、ふで、すみなどは、ごくふつうのもので、それを役に立たなくなるまで、お使いになりました。御間の敷物が古くなって色が変っても、御心におかけにならず、御椅子《おんいす》の下の毛皮も、破れたところを、たびたびおつくろわせになりました。

こうした御品は、今、明治神宮の宝物殿《ほうもつでん》におさめられていますが、私たちは、これを拝観して、その御質素なのに、ただ頭がさがるばかりであります。

十四　雅澄《まさずみ》の研究《けんきゅう》

土佐《とさ》の国に、鹿持《かもち》雅澄という学者《がくしゃ》がありました。まずしい家に生まれたので、勉強をしようにも、本をもとめることができません。雅澄は、知合いの人から本をかりて来ては、熱心に読みふけりました。

家の屋根がいたんでも、つくろうことができず、雨の降る日には、もらないところに、机の置場所を移しながら、研究を続けました。どんなに苦しいことがあっても、気を落さず、一生けんめいに勉強して、とうとう万葉集古義《まんようしゅうこぎ》百三十七巻《かん》を書きあげました。

万葉集というのは、日本の遠い昔の人たちの歌を集めた、大切な本です。雅澄は、万葉集の古いよみ方や意味をよくわかるようにし、日本の道を明らかにしたのであります。

日本の中央からはなれた土地ではあり、ゆききにも不自由な時代のことでしたから、こんなりっぱな研究も、世間に広く知られませんでした。

「自分の研究は、死んでからでなければ、世の中には出ないだろう」

と、雅澄はそういって、下書を書いたままで、なくなってしまいました。

その後二十年ばかりたって、明治天皇は、雅澄の研究についてお聞きおよびになり、かしこくも、大御心によって、「万葉集古義」が、宮内省《くないしょう》からしゅっぱんされることになりました。

こうして、雅澄の心をこめた大研究が、始めて全国に知られ、光をあらわすことになりました。

十五　乗合船

若い男が、さもとくいそうに、経書《けいしょ》のこうしゃくを始めました。

昔の乗合船の中のことです。乗っている人は、二十人もありましょうか。見たところ、お百姓《ひゃくしょう》か、大工さんか、商人らしい人ばかり、あとは女が二三人です。若い男は、口にまかせて、しゃべりたてました。

つい、調子にのると、いいかげんなでたらめも出て来ます。しかし、そんなことに気のつくえらそうな人は、一人もいないと、若い男は思いました。

「どうだ、感心いたしたか」

こうしゃくが終ると、若い男はこういって、みんなを見渡しました。

「いや、ありがたいお話でございました」

と、いかにも正直者《しょうじき》らしいお百姓が、ていねいに頭をさげました。

「なかなかむずかしくて、私どもにはわかりかねますが、先生は、お若いのに、たいそう学問をなさったものでございますな」

と、これは商家の番頭らしい人がいいました。

「先生」といわれて、若い男は、いっそうとくいの鼻をうごめかしました。

「いや、なに、たいしたこともないが、これでわしは、ごくおぼえのいい方でな。神童《しんどう》といわれたものだよ」

「神童と申しますと」

「神童がわからないのか」

そう思うと、若い男は、いっそう相手をみくびって、ことばづかいが、こうまんになります。

「おまえたちにはわかるまい。神童とは、神の童《わらべ》と書く。童は子どものことだ」

「へえ、では神様のお子様でございますか」

「はははは、無学な者には、そうとでも思うほかはあるまい」

若い男は、大きく笑いました。

しかし、この若い男に、ふと一人の人が気になりだしました。最初は、これも百姓だろうぐらいに思って、気にもとめませんでしたが、どこか品のある中年の男です。

「医者《いしゃ》かな、医者なら、少し学問もあるはずだが、あの男は、こうしゃくを聞くでもなし、聞かないでもなし、今みんなが、こうほめているのに、ただ、だまっている。どうせわからないのだろう。してみると、やっぱりいなか者で、少しばかりの金持であろう」

若い男はそう思って、たってそれ以上、気にもとめませんでした。

いよいよ、船が陸に着くまぎわになりました。みんなは、船をおりる用意をします。

「おたがいに、名をいって別れることにしよう」

と、あの若い男がいいました。

「私は、番頭の半七と申します」

「早川村の百姓、義作でございます」

「大工の八造と申します」

一同が、順々に名のりました。そうして、あのいなかの金持らしい人の番になりました。

「福岡《ふくおか》の貝原久兵衛《かいばらきゅうべえ》と申す者」

いかにもおちついたことばでいいました。

この名が、あの若い男の頭に、がんとひびきました。「貝原久兵衛」とは、世にかくれもない貝原益軒《えきけん》先生であることを知っていたからです。若い男は、そのまま逃げ出すよりほかはありませんでした。ひらりと岸にとびおりるが早いか、一もくさんにかけ出しました。

「はははは」

と笑う声が、後から追いかけるような気がします。

「ばか、ばか。ばかだな、おれは」

若い男は、自分自身をあざけるように、こういいながら、わけもなく走っていました。

十六　新年から春へ

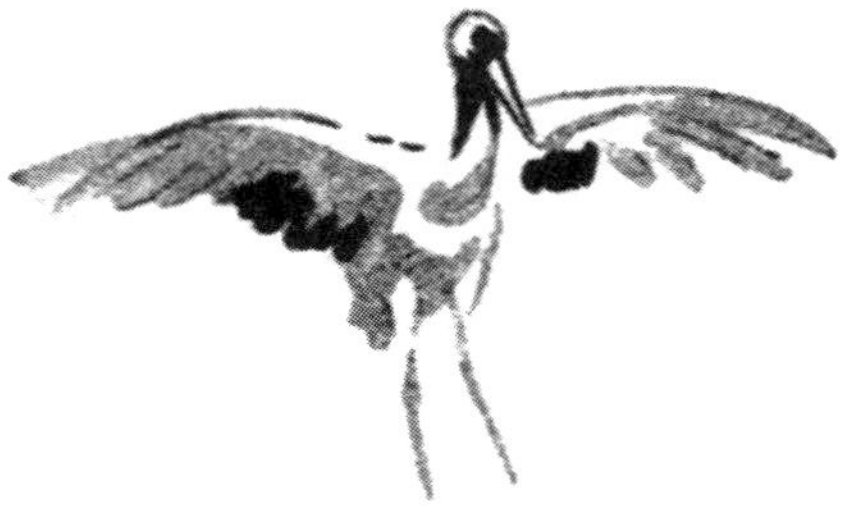

年の始めを祝う新年の祝日《しゅくじつ》は、一月一日、二日、五日の三日です。宮中では、一日、二日に朝賀の式、五日に新年宴会《えんかい》をおもよおしになります。私たち国民は、家々に、日の丸の旗と門松を立てて、さかえ行く御代の年の始めを祝い、天皇陛下の万歳を祈ります。

新年の祝日にはさまれて、一月三日の元始祭《げんしさい》があります。年の始めにあたって、天皇陛下が、神々をおまつりになる日であります。新年になると、よく春が来たといいますが、季節《きせつ》の上では、まだ冬です。一月中は、野も山も、冬の色に包まれています。

冬の眠りを破るものは、梅の花です。節分もすんで、梅のつぼみがふくらみ始めるころ、二月十一日の紀元節《きげんせつ》がまいります。宮中では、お祝いがあり、私たちは、おごそかな紀元節の歌に、神武天皇が、始めて天皇の御位におつきになったことを、おしのび申します。

梅の花についで、桃の花が咲き、木の芽はだんだん出て来て、うららかな春になります。

彼岸《ひがん》桜の咲く春分《しゅんぶん》の日に、春季皇霊祭《しゅんきこうれい》がおこなわれます。秋季皇霊祭と同じように、宮中で御祖先《ごそせん》のみたまをおまつりになります。この日を中心として一週間は、彼岸といって、私たちの家でも、先祖《せんぞ》の祭をいたします。

十七　乃木《のぎ》大将の少年時代

乃木大将は小さい時、からだが弱く、その上、おくびょうでありました。そのころの名を無人《なきと》といいましたが、寒いといっては泣き、暑いといっては泣き、朝晩よく泣いたので、近所の人は、大将のことを、無人ではない泣人《なきと》だと、いったということであります。

父は、長府《ちょうふ》の藩士《はんし》で、江戸にいましたが、自分の子どもがこう弱虫では困る、どうかして、子どものからだを丈夫にし、気を強くしなければならないと思いました。

そこで、大将が四五歳の時から、父は、うす暗いうちに起して、ゆきかえり一里もある高輪《たかなわ》の泉岳寺《せんがくじ》へ、よくつれて行きました。泉岳寺には、名高い四十七士の墓《はか》があります。父は、みちみち義士のことを聞かせて、その墓にお参りしました。

ある年の冬、大将が、思わず「寒い」といいました。父は、

「よし。寒いなら、暖くなるようにしてやる」

といって、井戸ばたへつれて行き、着物をぬがして、頭から、つめたい水をあびせかけました。大将は、これからのち一生の間、「寒い」とも「暑い」ともいわなかったということであります。

母もまた、えらい人でありました。大将が、何かたべ物のうちに、きらいな物があるとみれ

ば、三度三度の食事に、かならずそのきらいな物ばかり出して、すきになれるまで、うちじゅうの者が、それをたべるようにしました。それで、まったく、たべ物にすききらいがないようになりました。

　大将が十歳の時、一家は長府へ帰ることになりました。その時、江戸《えど》から大阪まで、馬にもかごにも乗らず、父母といっしょに歩いて行きました。そのころ、からだが、もうこれだけ丈夫になっていたのです。

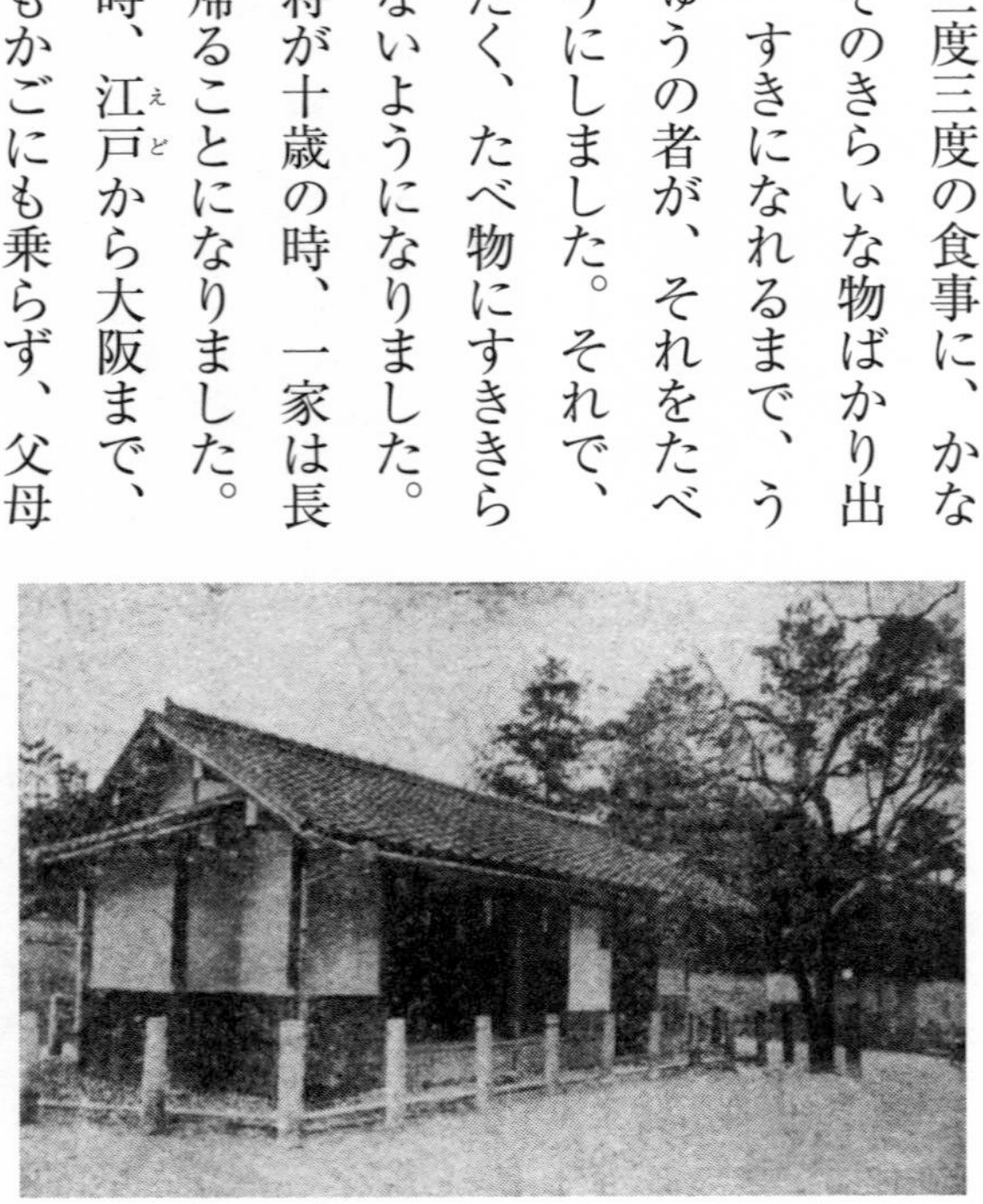

　長府の家は、六じょう、三じょうの二間と、せまい土間があるだけの、小さなそまつな家でありました。けれども、刀、やり、なぎなたなど、武士のたましいと呼ばれる物は、いつもきらきら光っていました。

この父母のもとで、この家に育った乃木大将が、一生を忠誠《ちゅうせい》と質素で押し通して、武人の手本と仰がれるようになったのは、まことにいわれのあることであります。

十八　くるめがすり

でん子は、自分の着ふるした仕事着をつくろっていました。まだ十二歳ですが、ひじょうにりこうで、ほがらかな子どもです。七八歳の時から、はたおりのけいこをして、今では大人に負けないほど、上手になりました。

つくろっている仕事着は、ひざのあたりが、すり切れかかっています。よく見ると、黒い糸が、ところどころ白くさめて、しぜんと、もようのようになっています。

「まあ、おもしろい」

と思いながら、でん子の目は、急に生き生きとしました。仕事着の糸をていねいにときほぐして、黒と白との入りまじったぐあいを、熱心に調べ始めました。それから後は、御飯をたべるのも忘れて、一心に工夫していました。四五日たって、でん子は、おり残りの白い糸を、ところどころ堅くくくって、

「これを、このまま染めてください」

と、こうやに頼みました。

染めができると、くくり糸をといて、縦糸と横糸とに、うまくとり合わせて、はたに掛けました。おってみると、でん子の思ったとおりに、こん色の地に、雪かあられの飛び散ったような、美しいもようが現れました。

できあがったものは、しまでもなければ、しぼりでもありません。今までだれも見たことのない、めずらしいおり物でありました。

父母や近所の人たちは、目をみはって、

「これは、かわったものだ。めずらしいものを思いついたね」

といって、ほめました。でん子は、いろいろながらを、次々に工夫しておりあげました。

でん子の父は、「くるめがすり」と名をつけて、それを世にひろめました。

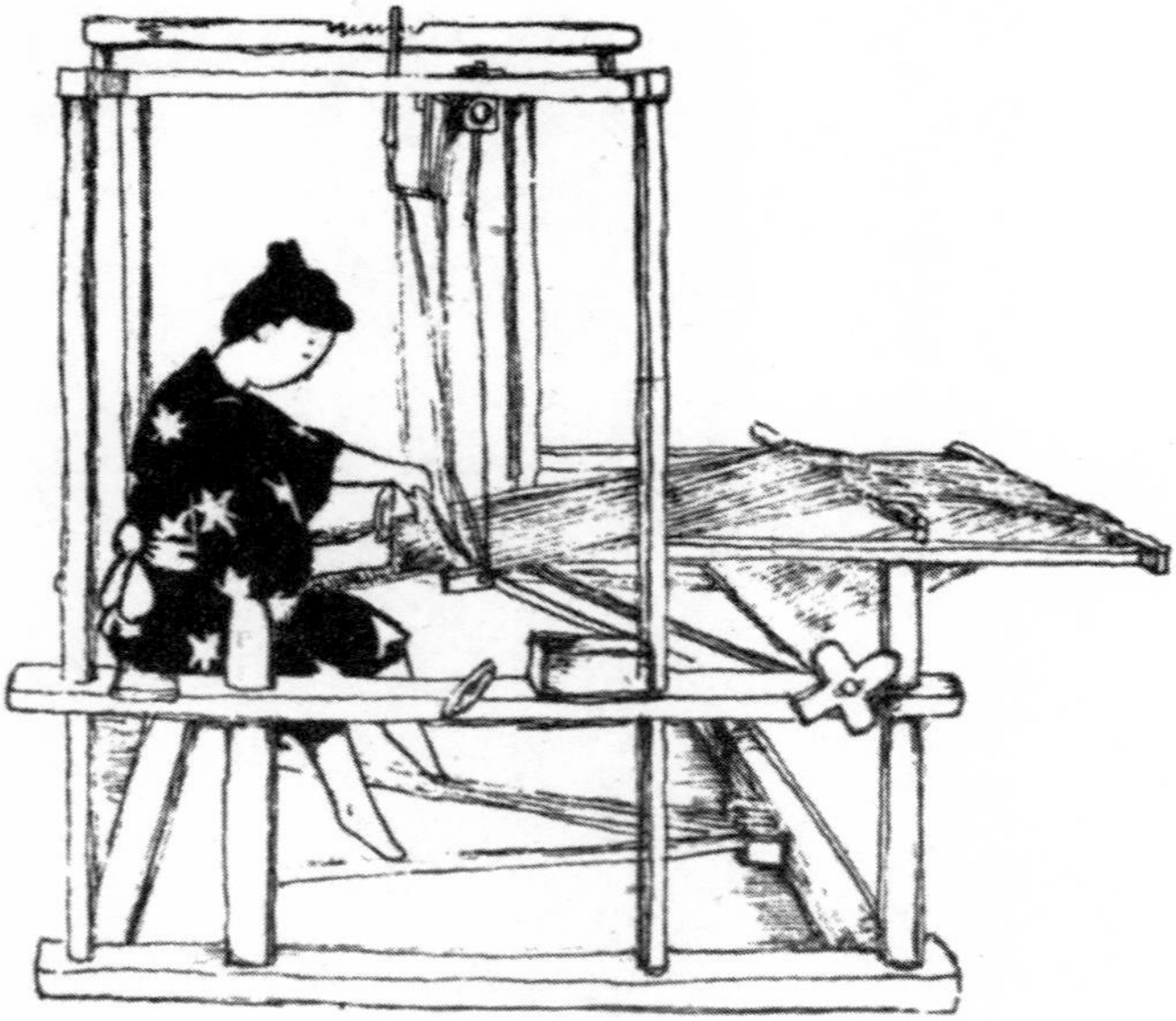

「めずらしいがらだ。女の子が思いついたのだそうだ」

「十二の娘が作ったとは、えらいものだ」

世間では、たいそうなひょうばんです。そのうちに、おり方を習いたいという者が、出て来るようになりました。

十九　工夫する少年

でん子の家から少しはなれたところに、久重《ひさしげ》という少年がいました。細工《さいく》をすることがすきで、毎日二階にとじこもって、からくり人形を作ったり、ばね仕掛けのすずり箱を作ったりして喜んでいました。

久重は、ときどき、でん子の工場へ遊びに来ました。でん子は、今では大人になって、かすりをおるのにいそがしく、大勢の人を使ってはたをおっていましたが、久重は、それをおもしろそうに見ていました。

ある日、この少年が、でん子にいいました。

「ねえ、おばさん。かすりで絵をおることはできないでしょうか」

「絵とは、もようのことですか」

「はい。花でも、鳥でも、絵にかいたとおりを、もようにおり出すのです」

「あなたは、小さいのに、えらいことをいいますね」

「なぜ」

「わたしは、ずっと前からそれを考えていました。しかし、絵をおるには、いろいろ仕掛けもいるし、工夫もむずかしい。わたしは、このとおりいそがしいので、まだそこまで考えるひまがないのですよ」

「それならひとつ、私が考えてあげましょうか」

「そう、久重さんは考えることもうまいし、細工も上手だから、どうか頼みますよ」

久重は、すっかりのみこんだような顔をして、帰って行きました。

どんなに、考えることがうまいといっても、まだ小さな子どものことです。でん子は、頼みはしたものの、あてにはしないでいました。

するとと、十日あまりたって、何かいろいろのものを持った久重が、にこにこしながらやって来ました。

「おばさん、できました」

「何がさ」

「この前、約束したものですよ」

「そう」

といって、持って来たものを調べ、その説明を聞いてみると、でん子もびっくりしないではいられませんでした。

「まあ、久重さん。一人で考えたのですか」

「ええ、ちょっと骨が折れました」

「えらいね。ありがとう。ほんとうにありがとう」

でん子は大喜びで、久重に何べんもお礼をいいました。

それから、二人が力を合わせて工夫したので、りっぱな絵がすりができるようになりました。

二十　大陸と私たち

満洲国が生まれたのは、昭和七年のことであります。そののち、満洲国の皇帝陛下は、二度も日本をおたずねになり、日本からは、天皇陛下の御名代《ごみょうだい》として、秩父宮《ちちぶのみや》殿下、高松宮《たかまつのみや》殿下がおいでになりました。こうして御親交《ごしんこう》が重ねられて、いよいよ、日本と満洲国とは、切っても切れない国となりました。

満洲国の広さは、日本の二倍もありますが、住んでいる人の数は、日本の三分の一ぐらいしかありません。それで、これから開いて行かなければならない土地が、たくさんあります。開いて行けば、農作物も、石炭《せきたん》も、鉄も、木材も、どれほど取れるかわかりません。

満洲国には、いろいろの民族が集って暮しています。顔かたちや、ならわしの違った人々ではありますが、みんな満洲国をりっぱな国にしようと、心をあわせ、日本にならって、仕事にはげんでいます。

満人の子どもは、からだも大きく、力も強く、蒙古《もうこ》人の子どもは、かんげきする心が深く、またロシア人の子どもは、きまりのよい生活をします。これらの子どもたちと、日本の子どもは、しっかり肩を組んで進まなければなりません。

満洲国のおとなりは、支那です。

支那は、日本の十五倍もある大きな国です。日本では見ることのできない、広々とした畠や、大きな川がいくらもあります。こんな広い土地に生まれ育った支那の子どもは、心持もいつのまにか大きくなって、ゆったりとしています。

日本と支那とは、昔からゆききして、手をとりあって来ました。

今、日本は、大陸から南方へかけて東亜《とうあ》を新しく立てなおすために、勇ましく戦いもし、またあたたかくみちびきもしていますが、一日も早く、いっしょに楽しく働くことができる日の来るのを、願わずにはいられません。

私たちのおとうさんや、にいさんは、大陸から南方へかけて

出かけ、命がけの働きをしています。この仕事は、大きな大きな仕事で、長い月日がかかります。やがて、私たちが代って大陸へ渡り、後をひきついで働く日がまいりましょう。

その時のお役に立つように、今から丈夫なからだと、ゆたかな心とをやしなっておかなければなりません。

初等科修身　三

一　大日本

わが大日本は、万世一系《ばんせいいっけい》の天皇のお治めになる国であります。御代御代の天皇は、臣民《しんみん》を子のようにおいつくしみになり、臣民はまた先祖《せんぞ》このかた心をあわせて、天皇を大御親と仰ぎたてまつり、忠孝一本の大道をよく守って、生々発展《はってん》して来ました。これが大日本の世界に類のないところであります。

皇祖《こうそ》天照大神は、御孫瓊瓊杵尊《ににぎのみこと》に天壌無窮《てんじょうむきゅう》の神勅《しんちょく》をお授けになりました。大日本は、天照大神の御子孫がお治めになり、天皇の御位は天地とともに、きわまりなくおさかえになるということが、この神勅にしめされているのであります。

神武天皇が、始めて天皇の御位におつきになってから、今年まで二千六百年余りの長きをかぞえます。この間に、国威はかがやき、文化は進み、産業はさかんになって、わが大日本の地位は、いよいよ高まりました。

御稜威《みいつ》のもと、世界の人々がみんな一家のようにしたしみあい、しあわせに暮すようにというのが、わが国の定めであり、めざすところであります。昭和の大御代となって、今や、大陸から南方へかけて東亜《とうあ》の民族や国々は、わが大日本を中心として一体となり、またひろく世界の人々もようやく目ざめて、わが国のめざすところにならおうとしています。

私たちは、このようなありがたい国に生まれたことをよく考えて、皇国の臣民として、はずかしくないよう、日々のおこないをりっぱにして行くことが大切です。私たちは、一生けんめいになって、大日本をますますさかんにしなければならないのであります。

二　佐久間《さくま》艇長《ていちょう》の遺書

明治四十三年の春、第六潜水艇《せんすいてい》は、演習のため、山口県新港《しんみなと》沖へ出ました。午前十時、潜航を始めると、まもなく艇に故障《こしょう》が起って、海水がはいり込み、艇は、十四名の乗員を閉じ込めたまま、海の底深く沈んで行きました。

艇長海軍大尉《い》佐久間勉《つとむ》は、すぐに部下に命じて、海水のはいるのを防がせ、はいった海水をできるだけ出してしまうようにさせました。しかし、電燈は消えて、艇内は暗く、その上、動力を使うこともできなくなっていたので、ただ手押しポンプをたよりに、必死の働きを続けさせました。

どうしても、艇は浮きあがりません。母艦《ぼかん》が見つけて、助けに来るかも知れないという、かすかな望みはありましたが、海上とのれんらくも絶えているので、それをあてにすることはできません。そのうちに、わるいガスがたまって、息がしだいに苦しくなって来ました。部下は、一人二人とたおれて行きます。もうこれまでと、覚悟した艇長は、司令塔《しれいとう》ののぞき孔《あな》からもれて来るかすかな光をたよりに、えんぴつで手ちょうに、ゆいごんを書きつけました。

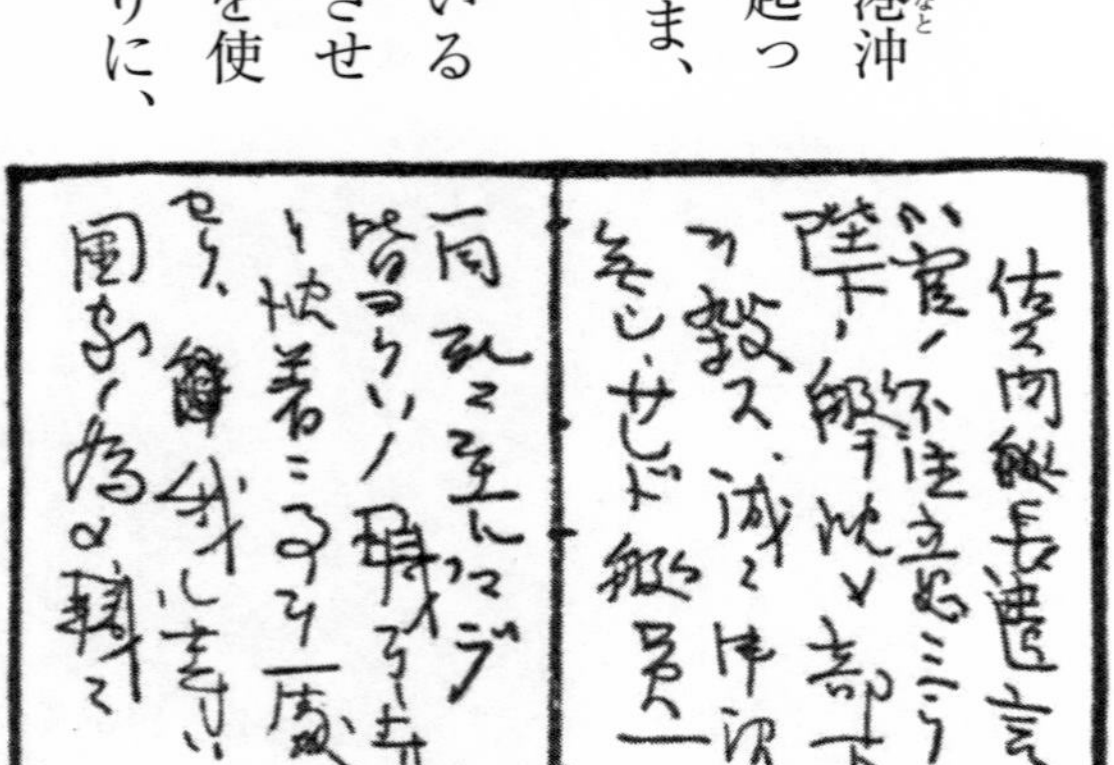

遺書には、第一に、陛下の艇を沈め、部下を死なせるようになった罪《つみ》をわび、乗員一同が、よく職分を守ったことをのべ、またこの思いがけないでき事のために、潜水艇の発達をさまたげるようなことがあってはならないと考えて、特に沈んだ原因《げんいん》や、そのようすを、くわしくしるしてあります。

次に、部下の遺族についての願いをのべ、上官・先輩《せんぱい》・恩師《おんし》の名を書きつらねて別れをつげ、最後に「十二時四十分」と、書いてありました。

艇が引きあげられた時には、艇長以下十四名の乗員が最後まで職分を守って、できるかぎりの力をつくしたようすが、ありありと残っていました。遺書は、この時、艇長の上着《うわぎ》から取り出されたのでした。

三　近江聖人《おうみせいじん》

中江藤樹《なかえとうじゅ》は、近江の小川村に生まれました。小さな時から心だてが正しく、近所の子どもと遊んでも、わるいおこないを見習うようなことは、ありませんでした。

藤樹が九歳の時、米子藩主《よなごはんしゅ》につかえていた祖父《そふ》のところに引きとられました。祖父のいいつけで、藤樹は、字を習いました。よく勉強したので、早く上手になり、まもなく祖父に代って、手紙を書くことさえできるようになりました。

十歳の時、米子藩主が、伊予《いよ》の大洲《おおず》へ移ることになったので、藤樹も、祖父につれられて、大洲へ行きました。

十一歳の時、ある日、経書を読んで、人はだれでも身をおさめるのがもとである、と書いてあるのを見て、勉強さえすれば、聖人といわれるほどの徳《とく》の高い人にでもなれるとさとって、それからはいっそう身をおさめることにつとめました。

十四五歳のころ、祖父母《そふぼ》は、相ついで死にましたから、藤樹は、祖父の家をついで大洲藩主につかえました。十八歳の時に、故郷の父が死んで、母一人になったので、その後役をやめて、小川村へ帰ることにしました。

小川村へ帰ってのち、くらしはまずしくても、年よった母につかえて、よく孝行をつくし、また熱心に学問にはげんだので、たいそう徳の高い学者《がくしゃ》となりました。

藤樹をしたって、遠いところから教えを受けに来る者が、だんだん多くなり、小川村を始め、近くの村々の人は、みんなその徳に感化《かんか》されました。

世間の人は、近江聖人と呼んで、藤樹を心からうやまいました。

四十一歳の時、藤樹はなくなりました。なくなってからも、藤樹の感化は、みんなにしみこんで、村の若い者は夜集って手習をし、たがいにおこないをつつしんだので、小川村は、たいそうよい風俗《ふうぞく》になりました。それから長い歳月がたっていますが、今でも村の人たちは、毎年祭をして、藤樹の徳をしたっております。

ある年、一人の武士が、小川村の近くを通るついでに、藤樹の墓《はか》をたずねようと思って、畠を耕している農夫に道を聞きました。すると、農夫は、

「旅のお方には、わかりにくいでしょうから、御案内いたします」

といって、先へ立って行きました。途中で、自分の家にたち寄り、着物を着かえ、羽織《はおり》まで着て来ました。その武士は、心の中で、自分をうやまって、こんなにていねいにするのであろう、と思っていました。

藤樹の墓についた時、農夫は、垣の戸をあけて、武士を正面に案内し、自分は戸の外にひざまずいて、うやうやしく拝みました。このようすを見て、武士はおどろき、さきに農夫が着物

を着かえて来たのは、まったく藤樹をうやまうためであったと気がついて、農夫に、

「藤樹先生の家来ででもあったのか」

と聞きますと、農夫は、

「いえ、そうではありませんが、この村には、一人として先生の御恩を受けない者はございません。私の父母も、『自分たちが人間の道をわきまえ知ったのは、まったく先生のおかげであるから、決して先生の御恩を忘れてはならない』と、つねづね私に申し聞かせておりました」

と答えました。

その武士は、初め、ただ藤樹の墓を見て行こうというくらいにしか考えていなかったのでしたが、農夫の話を聞いて、深く心にはじ、ていねいに墓を拝んで行きました。

四　開票《かいひょう》の日

日曜の午後である。

遠くでしきりにすずの音、それとともに、「号外」という呼声が聞える。そうだと思うと、ぼくはすぐ外へ出てみた。勢よく新聞屋《しんぶんや》さんが来る。受け取って見ると、

「市会議員《ぎいん》当選者決定《けってい》」

という大活字の見出しだ。ぼくは、急いで二階へ持って行く。すると、はしご段の上から、

「当選者決定だろう」

と、父の待ちかねた声がする。

父は座にもどりながら、一わたり見て、

「ほう、大体うまくいったな。わたしの予想《よそう》が、ほとんどあたっている。それにしても、山川さんは、今度もまた第一位か。千二百三十九とは、すばらしい得票《とくひょう》だな」

と、ひとりごとのようにいう。

「山川さんは、どうしてそんなに、いつも第一位なんでしょう」

「いや、まったくえらいからさ。教養《きょうよう》も高いし、第一、自分一身を投げ出して、公《おおやけ》のためにつくす人だ。市政上の意見もしっかりした、実にえらい人だ」

父のことばは、ほとんど感歎《かんたん》の声である。

「おとうさんも、山川さんに投票《とうひょう》なすったのでしょう」

「いや、それはいうべきことではない」

何でも教えてくれる父が、このことになると、いつでもはねつけるようにする。

父は、少し改った調子になった。

「道雄。選挙《せんきょ》というものはね、これと思うりっぱな人を自分できめて、自分で投票するものです。みだりに人に聞いたり、聞かれたり、いわんや人に頼まれたりしてはならないものです。そんなことをするようでは、けっきょく人情や欲《よく》に目がくらんで、ほんとうにりっぱな人物に投票する、という精神に反することになる。これは、だいじなことだから、よくおぼえておきなさい」

その時、外から帰った母が、二階へあがって来た。

「ただ今帰りました」

「やあ、お帰りなさい」

「お帰りなさい」

と、ぼくもいった。母は号外をちらと見て、

「まあ、当選の号外ですの。今度は、みんなりっぱな方ばかりのようですね」

「そう。割合うまくいっている」

「この前、とかくのうわさのあった人は、一人もはいっていませんね」

「ああいう連中《れんちゅう》が、今度も出るようでは、選挙もおしまいだよ。何よりも棄権者《きけんしゃ》がほとんどない。選挙人の自覚の現れだね」

「あなたのように、旅行先からわざわざ帰って、投票なさる方もあるのですから」

「いや、もっともっと、感心なのがあったよ。中風《ちゅうふう》で、足もろくろく立たないおじいさんが、おばあさんや、若い人たちにつれられて行っているのを見て、わたしは思わず涙が出た」

「ほんとうに感心ですね」

「ああいうふうに、みんなが選挙の義務ということを強く感じれば、選挙はしぜん真剣《しんけん》になる。今度は、その真剣のたまものだ」

夕方、父と町を散歩《さんぽ》した時、掲示板《けいじばん》に、当選者の名前が大きく書いて張ってあった。当選した家では、定めて喜んでいることであろう。

「選挙もうまくいった。何だか、降り続いた雨でも、すっかり晴れあがったような気がする」

と、父がひとりごとのようにいった。

五　農夫作兵衛《さくべえ》

伊予《いよ》の筒井村《つついむら》に、作兵衛という人がありました。先祖《せんぞ》の代から、借金《しゃっきん》がたくさんあったので、その日その日のくらしも、なかなか骨がおれました。作兵衛は、少年のころから、何とかして借金を返し、家をさかんにしたいと考えて、一生けんめいに働きました。

作兵衛は、父といっしょに、毎日田や畠を耕しました。夜は、おそくまでわらじを作り、それを軒下につるしておいて、ゆききの人に売り、家のくらしを助けました。そのわらじの丈夫なのと、はきぐあいのよいのが、ひょうばんになって、いつもすぐ売り切れました。作兵衛が、このように夜昼一心に働くので、村の人たちは、「若い者の手本だ」といって、ほめました。

骨おりのかいがあって、長い間心をなやましていた借金も、残らず返すことが、できるようになりました。親子の喜びは、たとえようもありません。

まもなく、作兵衛は、村内の荒地を買い求めました。もとより村人のかえりみない、ひどい荒地のことですから、開くのにたいへん手がかかりました。それでも、仕事のひまひまに、骨身を惜しまず耕して、ようやく作物のできるまでにしました。作兵衛は、わずかながらも田地《でんじ》持《もち》になったので、大喜びでした。

それにつけても、この田地をまったくの作り取りにすることは、気がすみません。そこで、田地調べのあった時に、この田地からも、税が納《おさ》められるようにと、藩《はん》の役人に願い出ました。

　藩の役人は、しきりに相談していましたが、作兵衛に向かって、

「感心な心がけだ。しかし、あの田地は、まだお前の願いどおりにはならない」

「それは、また、なぜでございましょう」

「聞けば、その田地は下田《げでん》で、いくらの作物もとれないそうだ。ほかに、よい田地を持っている者ならよいが、わずかこれだけでは、さしあたって税を納めるにさえ困るであろう。まあ、せいぜい手入れをして、四年なり五年なり、作ってみてから、申し出たらよかろう」

　と、しんせつにいいました。

　作兵衛は、

「ありがたいおことばでございますが、みいりの

多い少いは手入れしだいでございます。十分手入れをすれば、税を納めるのに困るようなことは、ないつもりです。この村には、まだもったいない荒地がたくさんあります。これを荒れたままでおくのは、お国に対しても申しわけないことでございます。この荒地を耕したり、下田を上田《じょうでん》にしあげたりするのは、農家としてお国への御奉公であります。私は、汗とあぶらで、かならず上田にしあげますから、どうか税を取り立てて、いただきとうございます」
と、まごころこめて申しますので、役人もその心がけに感心して、とうとう願いを聞き入れました。

そののち、作兵衛はよく働き、多くの田や畠を開いて、ついにりっぱな農家になりました。

作兵衛が四十五歳になった時、ひどいききんがおそって来て、たくさんの人が死にました。その時、作兵衛もまた、同じわざわいにたおれましたが、枕もとには、最後まで手をつけなかった一粒《つぶ》よりのりっぱな種麦の袋が置いてあって、みんなを深く感動させました。

六　通潤橋《つうじゅんきょう》

熊本《くまもと》の町から東南十数里、緑川《みどりかわ》の流れにそうて、白糸村《しらいとむら》というところがあります。あたり一面高地になっていて、緑川の水は、この村よりもずっと低いところを流れています。また、緑川に注ぐ二つの支流《しりゅう》が、この村のまわりの深いがけ下を流れています。

白糸村は、このように川にとり囲まれながら、しかも、川から水が引けないところです。それで、昔は、水田は開けず、畠の作物はできず、ところによっては飲水にも困るくらいでした。村人たちは、よその村々の田が、みどりの波をうつのを眺めるにつけ、ゆたかにみのって、金色の波がうつのを見るにつけ、どんなにか、うらやましく思ったでしょう。

今からおよそ百年ほど前、この地方の総荘屋《そうじょうや》に布田《ふた》保之助《やすのすけ》という人がありました。保之助は、村々のために道路を開き、橋をかけて交通を便《べん》にし、堰《せき》をもうけて水利《すいり》をはかり、大いに力をつくしましたが、白糸村の水利だけはどうすることもできないので、村人たちといっしょに、水のとぼしいことを、ただなげくばかりでした。

いろいろと考えたあげくに、保之助は、深い谷をへだてた向こうの村が、白糸村よりも高く、水も十分にあるので、その水をどうかして引いてみよう、と思いつきました。しかし、小さなかけいの水ならともかくとして、田をうるおすほどのたくさんの水を引くのは、なまやさしいことではありません。保之助は、まず木で水道をつくってみました。ところが、水道は、はげしい水の力で、一たまりもなくこわされ、かたい木材が深い谷底へばらばらになって落ちてしまいました。

けれども、一度や二度のしくじりで、こころざしのくじけるような保之助ではありません。今度は、石で水道をつくろうと思って、いろいろと実験《じっけん》してみました。水道にする石の大きさや、水道の勾配《こうばい》を考えて、水の力のかかり方や、吹きあげ方などをくわしく調べました。とりわけ、石のつぎ目から、一滴《てき》も水をもらさないようにする工夫には、いちばん苦心《くしん》しました。

そうして、やっと、これならばというみこみがついたので、まず谷に高い石橋をかけ、その上に石の水道をもうける計画《けいかく》を立てて、藩《はん》に願い出ました。
藩の方から許しがあったので、一年八箇月をついやして、大きなめがね橋をかけました。高さが十一間余り、幅が三間半、全長四十間。そうして、この橋の上には、三すじの石の水道がつくってありました。
始めて水を通すという日のことです。保之助は、礼服をつけ、短刀をふところにして、その式に出かけました。万が一にも、この工事がしくじりに終ったら、申しわけのため、その場を去らず、腹かき切る覚悟だったのです。工事を見とどけるために来た藩の役人も、集った村人たちも、他村《たそん》からの見物人も、保之助の真剣《しんけん》なようすを見て、思わずえりを正しました。
足場が取り払われました。しかし、石橋は、びくともしません。やがて水門が開かれました。水は、勢こんで長い石の水道を流れて来ましたが、石橋はその水勢にたえて、相変らず谷の上に高くどっしりとかかっていました。望みどおりに、水がこちらの村へ流れ込んだのです。

「わあ」という喜びの声があがりました。保之助は、長い間、苦心に苦心を重ねた難工事ができあがったのを見て、ただ涙を流して喜びました。そうして、水門をほとばしり出る水を手に汲んで、おしいただいて飲みました。

まもなく、この村にも、水田の開ける時が来て、百町歩《ぶ》ほどにもなりました。しだいに村はゆたかになり、住む人はふえて、藩も大いに収益《しゅうえき》を増すようになりました。

橋の名は通潤橋と名づけられ、今もなお深い谷間に虹《にじ》のような姿を横たえて、一村の生命をささえる柱となっています。

七　礼儀

世の中は、礼儀が大切であります。私たちは、つつしみの心を失わず、礼儀を正しくしなければなりません。礼儀が正しくないと、人にいやな気持を起させ、自分は品位をおとすことになります。

細井平洲という人は、若い時から、礼儀正しくすることにつとめました。年を取るにつれて、人がらはいよいよ高くなり、一度平洲にあった者は、時がたっても、その上品なようすが目に残って忘れられなかった、という話が伝わっています。

わが国では、昔から礼儀作法が重んじられ、外国の人から、日本は礼儀の正しい国だ、といわれて来ました。時勢がうつり、人がかわっても、礼儀作法の大切なことには、かわりはありません。私たちは、いっそう注意して、大国民としての品位をおとさないようにつとめましょう。

人の前に出る時は、髪《かみ》や手足を清潔《せいけつ》にし、着物の着方などにも気をつけて、身なりをととのえなければ失礼になります。

食事をする時は、みんなで楽しくたべるように心がけ、食器の類を荒々しく取り扱ったり、さわがしく物音をたてたりしないようにしましょう。また、室の出はいりには、よくおちついて、人のさまたげにならないようにし、戸障子のあけたてなども、静かにしましょう。

汽車・汽船・電車・自動車などに乗った時には、人にめいわくをかけないようにするのはもとより、行儀のわるいふるまいをしたり、いやしいことばづかいをしたりしてはなりません。特に、集会には、この心がけが大切であります。大勢の中で、人の顔かたちや身なりなどをあざ笑ったり、とやかくいったりするのは、つつしみのないことといわなければなりません。

約束を守るのも、また礼儀であります。約束は、かるがるしくしてはなりませんが、一度約束したならば、かならずそれを守らなければなりません。約束を果さないのは、うそをいったことになって、相手にめいわくをかけます。

私たちは、ふだんのおこないに気をつけて、礼儀正しくし、世界の人々の手本となるように心がけなければなりません。

八　久田船長

青森・函館《はこだて》間の連絡船《れんらくせん》東海丸は、多数の船客を乗せ、郵便物《ゆうびんぶつ》・貨物を積んで、夜半に青森港を出航した。だいぶしけもようであった。明治三十六年十月のことである。

津軽海峡《つがるかいきょう》特有の濃霧《のうむ》が、海上をおおっていた。波も、しだいに高くなって行った。しかも、雨は雪に変り、それがふぶきとなって、あたりを吹きまくった。暗さは暗し、その上濃霧とふぶきでは、まったく一寸先もわからない。

東海丸は、しきりに汽笛を鳴らし、警戒しながら進行を続けた。こうして明くる朝四時ごろには、渡島《おじま》半島矢越岬《やごしみさき》の沖合にさしかかっていた。

するとそつぜん、右手のすぐそこに、こちらをさして突進して来る船があった。それは、室蘭《むろらん》で石炭を積んで、ウラジオストックへ行くロシアの汽船であった。

東海丸の船長久田佐助《さすけ》は、目前にせまるこの危急《ききゅう》をさけるのに全力をつくしたが、しかもうおそかった。たちまち一大音響《おんきょう》とともに、ロシア汽船の船首《せんしゅ》は、東海丸の船腹を破ってしまった。

海水は、ようしゃなくはいって来る。東海丸の船体は、ぐっと傾いた。すわ一大事。久田船長は、さっそく乗組員に命じて持場につかせた。五隻のボートは、おろされた。かれは、わめき叫ぶ船客をなだめながら、かたはしからボートに分乗させた。この間にも、東海丸は刻々と沈んで行った。

船客も船員も、みんなボートに乗った。船長は、何度か念を押すように、

「みんな乗ったか」

「乗りました」

「一人も残っていないな」

「残っておりません」

残ったのは、ただ船長一人であった。

「船長、早くボートへ乗ってください」

だが、返事はなかった。いったい、何をしているのだろう。船員の一人は、たまらなくなって、はせつけた。

「船長、早くボートへ」

しかし、船長は、船橋のらんかんに身を寄せて動こうとしなかった。見れば、かれのからだは、旗のひもで、しっかとらんかんに結びつけられている。沈んで行く船と運命をともにしようとする覚悟なのだ。

「船長、私もいっしょにお供いたします」

それは、まったく船員の感激《かんげき》の叫びであった。

船長は、おごそかに答えた。

「船と運命をともにするのは、船長の義務だ。お前は早く逃げろ。一人でも多く助ってくれるのが、私に対するお前たちのつとめではないか」

いげんのある声に、船員は思わずはっとした。

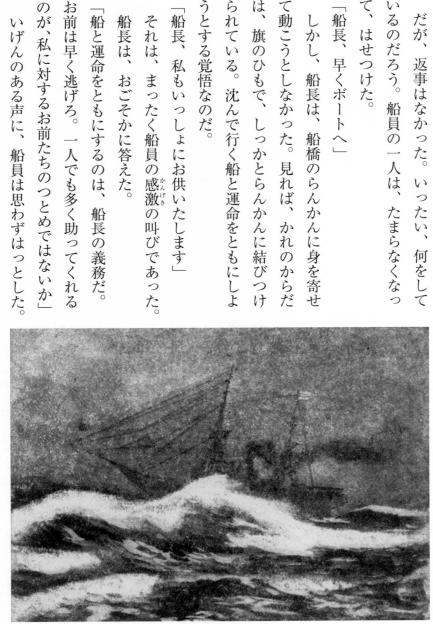

かれは、すごすごとして最後のボートに身をゆだねた。

東海丸からは、ひっきりなしに汽笛が高鳴って、暗い海の上を渡って行った。聞く人々は、身を切られるような思いであった。

やがて、その音は聞えなくなった。東海丸は沈んだのである。最後まで、非常《ひじょう》汽笛を鳴らし続けた久田船長もろともに。

暗夜《あんや》と荒天《こうてん》の海上に、五隻のボートは木の葉のようにゆり動かされた。中には、波にのまれてしまったのもある。しかし、乗客・船員の大半は、かろうじて助ることができた。

四十歳を一期《いちご》とし、従容《しょうよう》死についた船長久田佐助のけだかい心事は、たちまち世に伝えられ、日本全国の人々をして涙をしぼらせた。

「船長たる者は、万一の場合、決死の覚悟がなくてはならない。百人中九十九人まで助れば、あるいは自分も生きているかも知れないが、さもなければ帰らないものと思え」

とは、久田船長が、かねてからその妻にいい聞かせていたことばであった。だから、東海丸遭難《そうなん》第一の電報を手にした時、妻は早くも夫《おっと》の死を覚悟し、見舞の客に対しても、あえて取りみだしたようすを見せなかった。人々は、このことを聞いて、今さらのように久田船長のりっぱな心がけに感動するとともに、夫をはずかしめないこの妻の態度《たいど》をほめたたえた。

九　軍神のおもかげ

一

雨あられと敵弾の飛んで来る中を橘《たちばな》中佐は、すでに右手に傷を受け、左手に軍刀を持ちかえて、部下の将兵をはげましはげまし、ついに首山堡《しゅざんぽ》の山上高く日の丸の旗をひるがえしました。時に明治三十七年八月三十一日、早朝のことであります。

これを見た敵は、ようしゃなく、三方から大砲を撃ち出します。心はいかにたけくても、身は鉄石でありません。わが将兵は、相ついで、ばたばたと倒れます。すかさず、敵は新手《あらて》を加えて、逆襲《ぎゃくしゅう》を始めました。

「一度国旗を立てたこの高地。一歩もしりぞくな。全滅《ぜんめつ》しても敵の手に渡すな」

と、中佐は大きな声で叫び続けました。左手にもすでに第二弾を受け、さらに第三弾を腹部に受けています。それでも、ひるまず奮戦《ふんせん》するうち、橘大隊長は、どうとその場に倒れました。砲弾の一破片《はへん》が腰にあたったのです。

戦は、いよいよはげしくなって来ます。中佐は目を見はって、軍刀を杖に立ちあがろうとします。そのひまもなく飛んで来た一弾が、またも中佐の胸を貫ぬきました。

「残念だ。多数の部下を失って占領した陣地を取り返されるのか」

どっと聞える敵の声に、中佐は自分の苦しみを忘れて、かたわらの人に連隊長《れんたいちょう》・将兵の安否をたずねるのでした。

にわかに形を正した中佐は、

「今日は、皇太子殿下のお生まれになった日である。めでたいこの日に、一身を君国《くんこく》にささげるのは、まことに軍人の本望《ほんもう》である」

といって、静かに両眼を閉じました。手足は、しだいにつめたくなって行きます。日の暮れようとするころでした。

「軍刀はあるか」

という一語を残して、とうとう息が絶えました。

橘中佐は平生志が堅く、勇気にみちた軍人で、上を思

い、部下をあわれむ心の深い人でした。この平生のおこないがあって、始めて壮烈《そうれつ》な戦死もできたのであります。中佐がたくさんの戦死者《せんししゃ》の中で、特に軍神とあがめられているのは、当然といわなければなりません。

二

神わざのような戦技と、かぎりない闘志《とうし》をしめして、日本一の戦闘機部隊長とうたわれた加藤建夫《かとうたてお》少将が、かずかずの武功にかざられながら、ついに、はてしない南方の大空に花と散りました。

これに先立つ昭和十七年の五月四日、わが軍がビルマ西岸のアキャブを占領すると、インドをおびやかされた敵国の飛行機は、わが攻撃をふうじようとして、幾たびとなくおそって来ました。そこで、加藤部隊長は、部下の精鋭《せいえい》をひきいて、敵機をむかえ撃ち、その三機を撃ちおとしました。

五月の二十二日、敵機ブレンハイムは、しつこくもまたやって来ました。この日、ビルマとインドとの国境《こっきょう》には、大きな入道雲がわき立っていました。

加藤部隊長は、大きな声をはりあげて、命令をくだし、真先に舞いあがって行きました。部下の四機が、これに続きます。敵機は五百メートルの高度で、附近を盲爆《もうばく》したのち、海上へ向かって逃げ始めました。

「逃すものか」

と、部隊長は敵のひきょうなしぐさにふんぜんとして敵に近寄り、上方から反転して猛射《もうしゃ》を加えました。

このため、敵機はガソリンタンクを撃ち抜かれ、続く部隊長のみごとな一撃が、ついに致命傷《ちめいしょう》を与えました。敵機は、右発動機から白煙を出しながら、海中に深く撃ちおとされてしまいました。

しかし、この時、残念ながら部隊長機もまた、右翼《うよく》から火を発しました。機は、ぐんぐん傾きます。

今はこれまでと、覚悟をかためた部隊長は、高さ二百

メートルの上空から、みごとな反転操作で海中へ突入しました。機体は、すぐにかき消えました。空の軍神とうたわれるにふさわしい壮烈な最期《さいご》でした。

この加藤少将もまた、橘中佐と同じように平生のおこないがりっぱな人でありました。小さい時から無口で、意志《いし》が強く、実行力にとんでいました。孝心深く、母や兄の教えをよく守りました。大きくなっても、軍人としてのまことの一念に生きた人でありました。実に平生のこのおこないがあって、最後まで、尽忠報国《じんちゅうほうこく》のまことに、もえることができたもの、といわなければなりません。

十　勝《かつ》安芳《やすよし》

勝安芳という人がありました。まだ若い時、オランダの学問をおさめ、外国の兵術を調べようと思いたちましたが、そのころ、外国の書物は少くて、なかなか手に入れることができません。その上、いちばんだいじな辞書《じしょ》などは、たとえ見つかっても、ねだんがずいぶん高く、一さつ六十両もするほどでした。

まずしいくらしをしていた安芳には、買いたくでも、そんな大金を出すことができません。けれども、外国の書物を習いたての者にとって、辞書がないのは、ちょうど船に帆がないのと同じことです。安芳は、どうしても辞書がほしくてたまりませんでした。

とうとう思いあまって、毎晩おそくまで親類《しんるい》や知人のところをかけまわって、必要な金をととのえようとしました。すると、

「外国かぶれの者には、金をかすことなんかできない」

といって、みんなたいへんなけんまくです。

そのころの人たちは、外国の学問はけがらわしいもの、とばかり思いこんでいたのですから、無理はありません。いくらときかせても、だめです。

安芳は金をかりることを、さっぱりとあきらめてしまいました。そうして、

「よし、辞書が買えなければ、辞書をかりて、うつしてやろう」

と、おおしい気持をふるい起しました。

さっそく、知合いの医者《いしゃ》から、オランダの辞書をかりて来て、寝るまも惜しんで、うつし始めました。まる一年ぐらいも、かかりました。

ちょうど、安芳のおとうさんは、病気をしていて、動くことができません。その看病《かんびょう》をしながら、一念こめて、安芳は写本の仕事を続けたのでした。冬が来ても、寒さをしのぐたきぎがありません。びんぼうが安芳をほろぼすか、安芳がびんぼうをうち負かすか。一生けんめいになって戦い続けました。

うつし終った辞書の終りに、安芳はこう書き残しています。

「秋の初めに書き始めて、次の年の秋なかばまでかかった。このころ、まずしさは骨のそこまでしみこんで、冬の夜にも、寝るふとんがなく、また夏には、かやもなかった。来る夜も来る夜も、ただ机によりかかって眠った」

実に、骨をけずり、血をしぼるような思いで、書きうつしたのでした。

安芳は、写本の辞書を二冊も作って、一部は自分が使い、別の一部は人に売って、辞書をかりたお礼をしました。

意志の強い奮闘《ふんとう》努《ど》力《りょく》の人でなければ、まねのできないことであります。

十一　咸臨丸《かんりんまる》

外国の兵術を調べていた勝安芳は、幕府《ばくふ》に召し出され、長崎へ行って、オランダ人から新しい航海術をまなぶことになりました。

航海術を一通りおさめて、まもなく安芳は、今度は日本人だけで太平洋を渡り、アメリカ大陸まで行ってみようと考えました。まことに愉快なもくろみではありましたが、案内する者もなく、はて知れぬ大海へ浮かぼうとするのですから、まったく命がけのことでした。やがて日本の海軍を背負って立つ大人物となる安芳も、いよいよ日本の岸を離れようとする時は、

「死ぬか、生きるかだ」

と、しばらくの間は、悲壮な気持で甲板に立ち続けました。

万延《まんえん》元年という年、正月十三日のことでありました。安芳の乗り込んだ船を咸臨丸といいます。

冬の海は荒れて、大波は絶えず甲板を洗います。しけになって、船体が木の葉のようにゆられ、ねじ折られそうになったことも、たびたびありました。あられが降り、ひょうがたたきつける中を心ぼそい航海を続けなければなりませんでした。安芳の日記には、三十七日の航海中、

晴れた日はわずかに数日だった、と書き残しています。

何度も、不安な気持が船員たちの胸をしめつけました。けれども、

「私たちは日本人だ。マストの上にひるがえる、あの旗を見ろ。大日本の名誉《めいよ》を忘れてはならない」

と、絶えずはげまし続ける安芳のことばに、船員たちも白地に赤の日の丸の旗を仰いでは、日本人としてのおおしい心をわきたたせました。

「身を捨ててこそ浮かぶ瀬《せ》もあれ、ということがある。私たちは、身を捨てる覚悟でなければならない。それでこそ、日本のほまれをあげることができるのだ」

と、みんな心の中にちかったのでした。

こうして、咸臨丸は白波をけたて、東へ東へと進みました。黒潮も、無事に乗りきりました。

とうとう二月二十五日に咸臨丸は、その姿をサンフランシスコの沖合に現しました。

今こそ金門湾頭に、わが日本の旗をひるがえす時が来たのです。みんなは、マストの上の日の丸の旗に両手を合わせ、神様に深く感謝《かんしゃ》をいたしました。

この時すでに、アメリカ人が「日本をあなどることはできない」という感じを強くしたことは、いうまでもありません。

ところが、安芳はサンフランシスコのりっぱな町を眺めながら、持ち前の負けじ魂を出して、

「十年、二十年後の日本を見ろ」

と、叫んでいました。強い愛国心が、大波のように胸にこみあげて、

「日本人が、世界を大またで歩く日の早く来るように」

と、いろいろ思いめぐらしました。

まもなく、安芳は江戸城《えどじょう》明渡しの大立物となって、薩藩《さっぱん》の西郷隆盛《さいごうたかもり》と心をあわせ、幕末《ばくまつ》の日本に挙国一致《きょこくいっち》の実をあげさせました。太っぱらで、しかも、つねにこまかく気をくばった安芳は、かずかずのてがらをたてて、わが国の歴史に不朽《ふきゅう》の名をとどめたのでした。

十二　間宮林蔵《まみやりんぞう》

間宮林蔵は、文化《ぶんか》六年の五月十二日、樺太《からふと》北端のナニオーまで、やっとのことで、たどり着きました。

民家が五六戸ほどしかない、さびしい部落《ぶらく》です。少し南のノテトを四月にたって、ここまで来る間に調べたところでは、樺太とダッタンの陸地とが、両方からせまりあっていました。海の水は、みんな南へ南へと流れます。小さなサンタン船を使って乗り出しても、かくべつ、骨がおれるというほどではありません。潮流《ちょうりゅう》はいたって、ゆるやかだからでした。

ところが、ナニオーから先は、だんだんに海がひろがっていきます。海水は、北の方へと流れます。しかも、山のような大波が、はげしくかみ合って、船をここから進めることは、もうできな

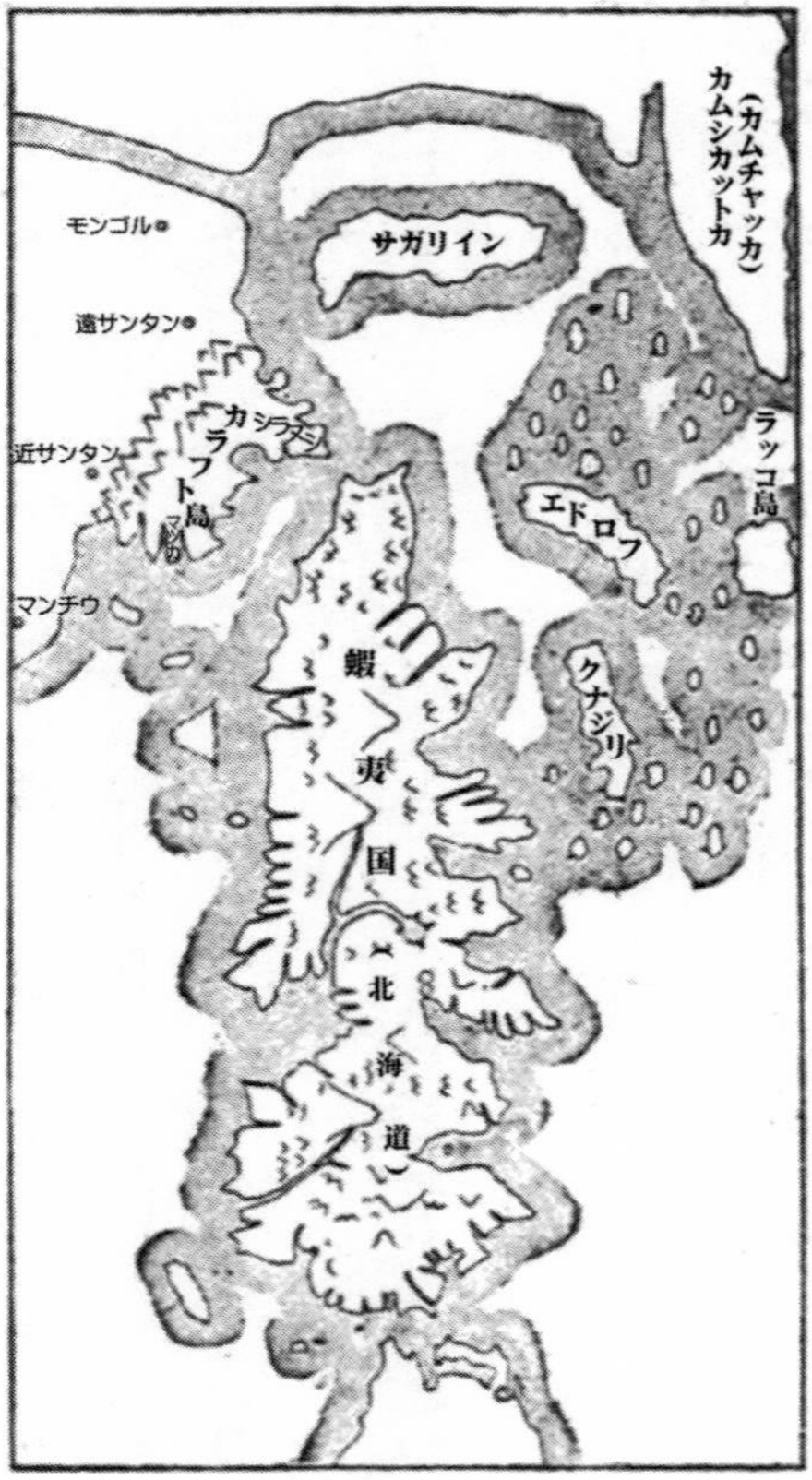

くなってしまいました。

林蔵は、ちょうど地の底からでも、わき起って来るような、ごうごうという、ものすごい海鳴りを聞きながら、この大自然の姿をじっと見つめて、動こうとしませんでした。

「そうだ。やっぱり海峡《かいきょう》だ」

と、林蔵は顔をかがやかしながら思わず心の中で叫びました。

文化五年春、松田伝十郎といっしょに渡ってから、第二回めの樺太探検《たんけん》です。しかも、今度は一人でした。

いま始めて、林蔵は、まのあたりに黒龍江《こくりゅうこう》の濁流《だくりゅう》がせまい海峡に流れて来て、ここから北と南へ潮流を二分させている光景を見たのでした。その上、海峡を越えて海がしだいに広く開けるようすも、はっきりとつきとめることができたのです。

二年めをかぞえる、長い苦しい旅のつかれも、うえをしのんだことも、みんな、このひとと

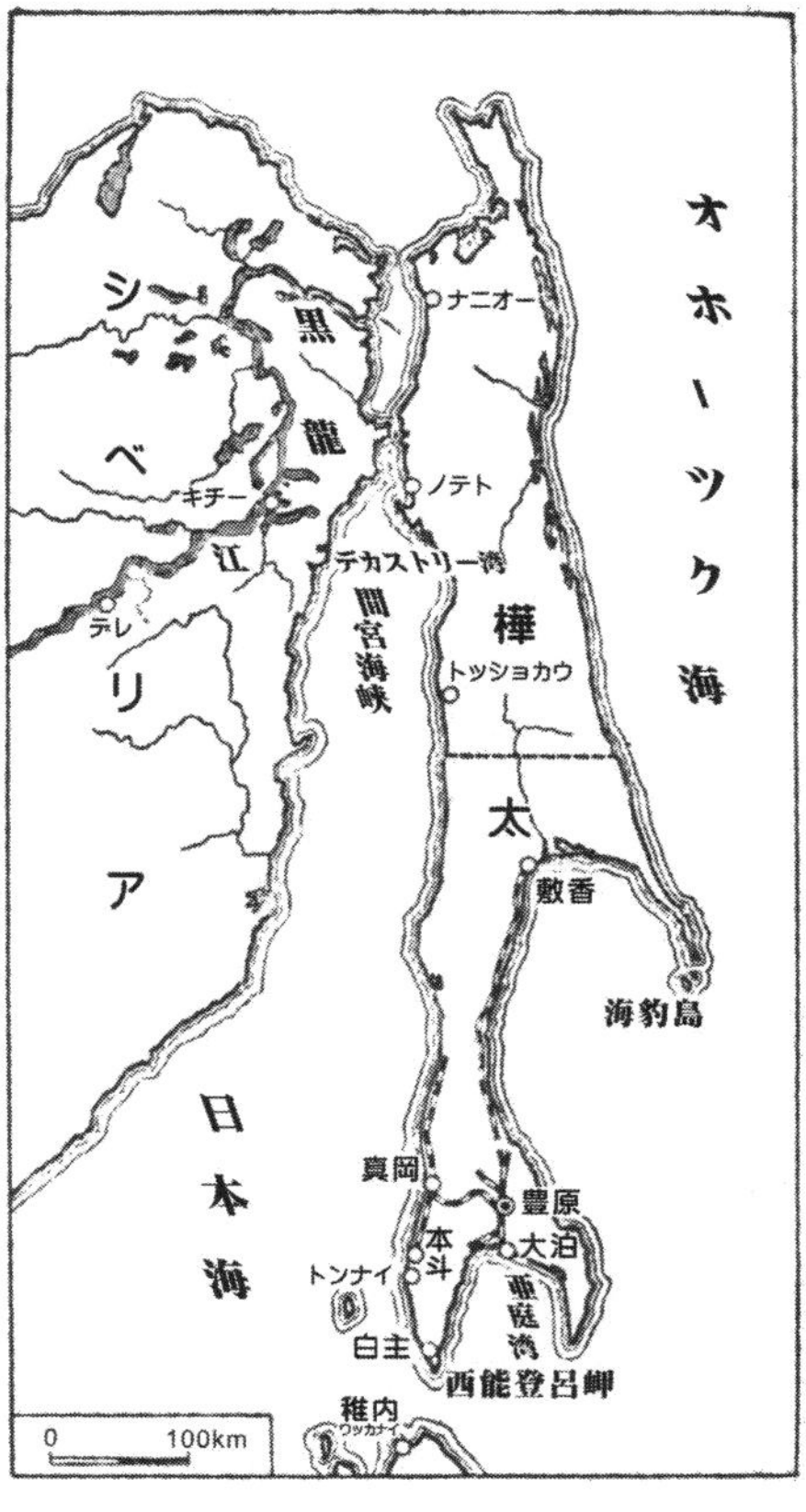

きの感激によって、消え失せました。

けれども、林蔵は、ここで気をゆるめるような男ではありません。

「ロシアの国境《こっきょう》まで、奥地を探検するのが、北辺の風雲《ふううん》急なこの時勢に、自分に与えられた使命ではないか。

ではないか」

そう思うと、すぐにでも境界を見定めるため、出発したいという気持に、かりたてられました。

もう船も進まない先へ行くのですから、手落ちなく準備をしなければなりません。いろいろの事情で、林蔵はしばらくの間、土人たちといっしょに暮すことにきめました。魚もとれば、狩もしました。木も切れば、網もすきました。こうして、土人たちと暮して話をしている間に、樺太が離れ島であって、ほかの国と境界を隣りあわせにしている土地ではないということが、いよいよたしかになりました。

土人たちは、海を越えてダッタンへ渡れば、ロシアの国境がわかるといいます。

「よし、それではダッタンへ行こう」

と、林蔵はかたく決心しました。

土地の酋長《しゅうちょう》コーニが、品物交換《こうかん》のため大陸へ渡ろうとしていました。このよい機会を逃しては、二度と大陸へ行くことはできないと思ったので、いくたびとなく、林蔵はコーニに、

「どんなことでも、がまんしてみせる。ぜひ、つれて行ってもらいたい」と、熱心に頼みこみました。そうして、やっとのこと、林蔵が船をこぐという約束で、遠くダッタンまで出かけました。

途中の苦しみは、これまでにも増して、たとえようのないものでした。しかし、林蔵は生死をこえて、ただ国を思うのまごころから、外敵におかされようとしていた北辺の守りのために、身を投げ出したのでした。

林蔵の願いは、みごとに達しられました。

十三　瓜生《うりゅう》岩子

東京浅草の観音におまいりすると、本堂に向かって左手の庭に、やさしい笑いをたたえたおばあさんの銅像《どうぞう》があります。これこそ貧しい人や、みなし子の母としたわれた瓜生岩子の銅像です。

岩子は福島県の喜多方《きたかた》に生まれました。早く父に死に別れ、続いて火事にあい、小さい時からいろいろとくろうをしました。結婚《けっこん》してから、若松で呉服屋《ごふくや》を始め、子どもも生まれ、店も

おいおいはんじょうして、やっとくらしがらくになったころ、夫《おっと》が重い病にかかって、七年の長わずらいののちに死にました。岩子は、それから店を人にゆずって、喜多方へひっ越しました。

たび重なる不幸《ふこう》にあっても、岩子はそのため世をはかなむようなことはなく、かえって同じような不幸な人に対する思いやりの心を深くしました。喜多方へひっ越してまもなく戊辰《ぼしん》の役が起り、若松は戦争のちまたとなりました。岩子は、

「どんな時にも、女には女の仕事がある」

といって、銃火の中をくぐって、負傷者《ふしょうしゃ》の介抱《かいほう》や、たき出しなどに、かいがいしく立ち働きました。

この時、会津藩士《あいづはんし》の家族は、多く喜多方の方面へのがれて来ましたが、とまる家もなく、うえと寒さに苦しんでいました。岩子は、見るに見かねて、わが家につれ帰り、また近所の家や附近の農家に頼んで、とまらせることにしました。そうして、これらの人に、着物やたべものなどをととのえてやり、病気の者には、みずから薬をせんじて与え、老人をなぐさめ、おさな

い者をいたわり、働ける者のためには、仕事をさがしてやるなど、わが身を忘れてせわをしました。

とりわけ、岩子があわれに思ったのは、父兄《ふけい》を失ってたよる人もない子どもたちのことでした。定めて名ある武士の子であろうに、武士らしいしつけも受けず、毎日遊び暮しているのを見て、岩子はその行末を案じました。そこで、よい先生を頼み、ささやかな学校を開き、古机・古本・古すずりなどをもらい受けて、勉強ができるだけの用意をし、九歳から十三歳までの子どもを集めて、読み書きそろばんをまなばせました。この時、集った子どもは五十人ばかりありましたが、岩子はその親ともなって、しんせつにみちびきました。

明治五年に始めて小学校ができたので、岩子の学校は閉じられることとなりました。岩子は、これから世の貧しい人を助け、みなし子を育てることに全力をつくしました。そのおこないが世間にひろまり、おかみから何度もほうびをいただきました。ついで養育院《よういくいん》が始めて東京にできた時には、その最初の幼童世話係長《ようどうせわがかりちょう》にえらばれました。岩子は、功により藍綬褒章《らんじゅほうしょう》を授けられ、昭憲皇太后から、ありがたい御下賜品《ごかしひん》までいただきました。

十四　皇大神宮

皇祖天照大神をおまつり申してある皇大神宮は、伊勢《いせ》の宇治山田市《うじやまだし》にあります。神域《しんいき》は神路山《かみじやま》のふもとにあって、五十鈴川《いすずがわ》の流れにそい、まことにこうごうしくて、ひとたび、ここにおまいりするとだれでも、おのずと心の底まで清められるような気がいたします。

天皇陛下は皇族の方を祭主にお命じになって、皇大神宮をおまつりになります。また毎年の祈年祭《きねんさい》や神嘗祭《かんなめさい》や新嘗祭《にいなめさい》には、勅使《ちょくし》をお立てになって、幣帛《へいはく》をお供えになります。勅使をお立てになる時には、陛下は御自身でお供えものをおあらためになって、御祭文をお授けになり、勅使が御殿をさがるまでは入御《にゅうぎょ》になりません。

なお神嘗祭の当日には、宮中でおごそかに御遥拝《ごようはい》の式をおあげになります。

毎年のまつりごとはじめには、まず皇大神宮の御事をお聞きになり、皇室・国家に大事のある時には、皇大神宮におつげになります。

昭和三年御即位《ごそくい》の礼を行わせられた時には、天皇陛下は皇后陛下と御同列でお出ましになり、皇大神宮に御親謁《ごしんえつ》になりました。

皇大神宮の御殿舎は、二十年ごとに新しく御造営になって、おごそかに正遷宮《しょうせんぐう》（式年遷宮）の御儀式をおあげになります。皇室は御遷宮の御事を、この上なく大切にあそばされます。

明治四十二年に御遷宮のあった時、明治天皇はこの御事を深く大御心におかけになり、前もって工事などのくわしい書き物をさし出させて一々ごらんになりました。昭和四年の御遷宮にあたっても、天皇陛下は、古式によりきわめておごそかな御儀式をおあげになりました。
御代御代の天皇は、このように厚く皇大神宮をおあがめになります。国民も昔から皇大神宮をうやまい申しあげ、一生に一度はきっと参拝しなければならないことにしております。

明治天皇御製
とこしへに民やすかれといのるなるわがよをまもれ伊勢のおほかみ
久方のあめにのぼれるこゝちしていすゞの宮にまいゐるけふかな

十五　特別攻撃隊

昭和十六年十二月、特別攻撃隊の勇士たちは、ひそかに基地《きち》を出港した。どこへ向かうのか、まだだれも知らされていない。厳重な燈火管制のうちに、船は静かに進んで行く。太平洋へ出ると、さすがに、ひどくゆれ始めた。

航海することいく日か。ついに、「敵の太平洋艦隊を撃滅《げきめつ》せよ」との命令が出た。めざすハワイは、刻々に近くなっている。

岩佐大尉《い》以下の隊員に、特別命令がくだる。

「航空部隊が襲撃《しゅうげき》する八日暁までに、真珠《しんじゅ》湾内所定《しょてい》の位置に潜入すべし」

というのである。

兵員室は、急に夜が明けたように、にぎやかになった。

「皇国の興廃《こうはい》かかりてこの征戦にあり。粉骨砕身《ふんこつさいしん》おのおのその任務をまっとうせよ」

という山本連合《れんごう》艦隊司令長官の訓示《くんじ》電報が、士気を鼓舞《こぶ》するように張りつけてある。

「横山一等兵曹《へいそう》、しっかり頼むぞ」

「大丈夫。敵の戦艦をねらってやる。安心してくれ」

片山二等兵曹の肩をたたいた戦友《せんゆう》の一人は、

「攻撃を決行するまでは、発見されたり、爆雷を受けたりしたくないな」

と、しみじみいう。

「なに、そうなったら全速力《ぜんそくりょく》を出して、敵艦のどてっ腹に大穴をあけるさ」

二十四歳に過ぎない青年兵曹の意気は、まさに天をつくの勢がある。

一方では、佐々木一等兵曹や上田《かみた》、稲垣二等兵曹をとり囲んだ戦友たちの元気な声も聞えている。

士官室も、またにぎやかである。横山、古野両中尉は同期。岩佐大尉と広尾少尉にはさまれて、ほとんど同じころ、江田島の海軍兵学校にまなんだ青年将校たちである。古鷹山《ふるたかやま》を仰いでの三年の練武は、献身報国《けんしんほうこく》の真髄《しんずい》をたたき込んだのであった。

「おい、一ふで書いておけ」

戦友の頼みに、岩佐大尉は、「尽忠報国《じんちゅうほうこく》」と書きしるした。横山中尉は、「断《だん》じて行えば鬼神《きしん》も之《これ》を避《さ》く」と書く。古野中尉は、「沈勇果断《ちんゆうかだん》」、広尾少尉は「七生報国」と、それぞれ学校時代からいましめにしていたことばを書き残した。

出発の時が来た。岩佐大尉は、つばに龍《りゅう》のほってある二代兼光《かねみつ》の銘刀《めいとう》を片手に、上官に向かって別れの礼をした。するどいまなざしは、生死をこえた必勝の信念をかたっている。

「成功を祈るぞ」

送るものも、今はみな無言《むごん》である。

いくつかの艇に分れて、やみの夜を海中深く突進する。海上には、北東十七メートルの強風が吹きまくっている。かすかな僚艇《りょうてい》のようすを前後に感じながら、羅針盤《らしんばん》一つがたよりである。いよいよ真珠湾にはいった岩佐大尉は、潜望鏡をくり出して、すばやくあたりのようすを見てとった。

いる。いる。敵の主力艦全部が集結《しゅうけつ》している。カリフォルニア型。オクラホマ型。メリーランド型。いつも寝るまも忘れないでそらんじた米国太平洋艦隊の戦艦が、群をなして目の前に並んでいた。

「ようし。もうそろそろ航空部隊も近づいたであろう。宮城遥拝《ようはい》」

りりしく響く皇国日本へ別れをつげる声。

この時。折から明けそめた真珠湾の空には、わが日本の爆撃機・雷撃機・戦闘機が雲霞《うんか》のように押し寄せて来た。それと同時に、特別攻撃隊の全艇は、

「発射用意」

「撃て」

めざす舷側《げんそく》から、猛然《もうぜん》と水煙が天にのぼる。命中。航空部隊の攻撃も、すでに始っている。その間を隊員は一艦一隻たりとものがさじと、大物ばかりをめじるしに攻撃を続けたのであった。

敵の軍港は、またたくまに、姿を変え、あたりは赤いほのおと黒い煙にとり囲まれてしまった。

なおも特別攻撃隊の隊員は、はやる心を押さえて、海の底にひそみながら、日の暮れるのを待った。どんなにか、その間の長かったことであろう。夜に入り、月の出るのを待って、勇士

たちは、ふたたび強襲《きょうしゅう》を始めた。

見敵必殺《ひっさつ》の精神こめた襲撃にくるいはなく、爆音高く湾内を震わせ、数百メートルの火の柱が天をこがした。

この時、白波を立てて、ゆったりと司令塔が水の上に浮かび出た。沈着大胆《だいたん》な勇士の一人が、くずれ沈む敵艦を見とどけようとしたのである。

こうして、戦は続けられた。しかし、特別攻撃隊の隊員は、ついに帰らなかった。勇士たちは、ほんとうに生死をこえて、敵艦を撃滅することだけを考えていたのである。そうして、攻撃隊の一人が、ハワイ時間午後十時四十一分に発した「襲撃に成功せり」との無電放送が、とうとう最後のものとなってしまった。

十六　皇室

私たち日本の国民は、天皇を現御神《あきつみかみ》と仰ぎたてまつるとともに、また皇室を宗家《そうけ》としていただいているのであります。天皇陛下は、この皇室の御家長で、皇族はその御家族でいらっしゃいます。

天皇陛下は、御名を裕仁《ひろひと》と申しあげ、明治三十四年四月二十九日、御降誕《ごこうたん》になりました。

御年十六歳で、立太子《りったいし》の礼をおうけになり、御年二十一歳から、大正天皇の久しい御病気のため摂政《せっしょう》として、まつりごとをごらんになり、昭和元年十二月二十五日御年二十六歳で御践祚《ごせんそ》、同三年十一月十日御即位《ごそくい》の礼をおあげになりました。御恵みは国の内にあまねく、御稜威《みいつ》は国の外までかがやき渡っています。まことにめでたいかぎりと申さなければなりません。

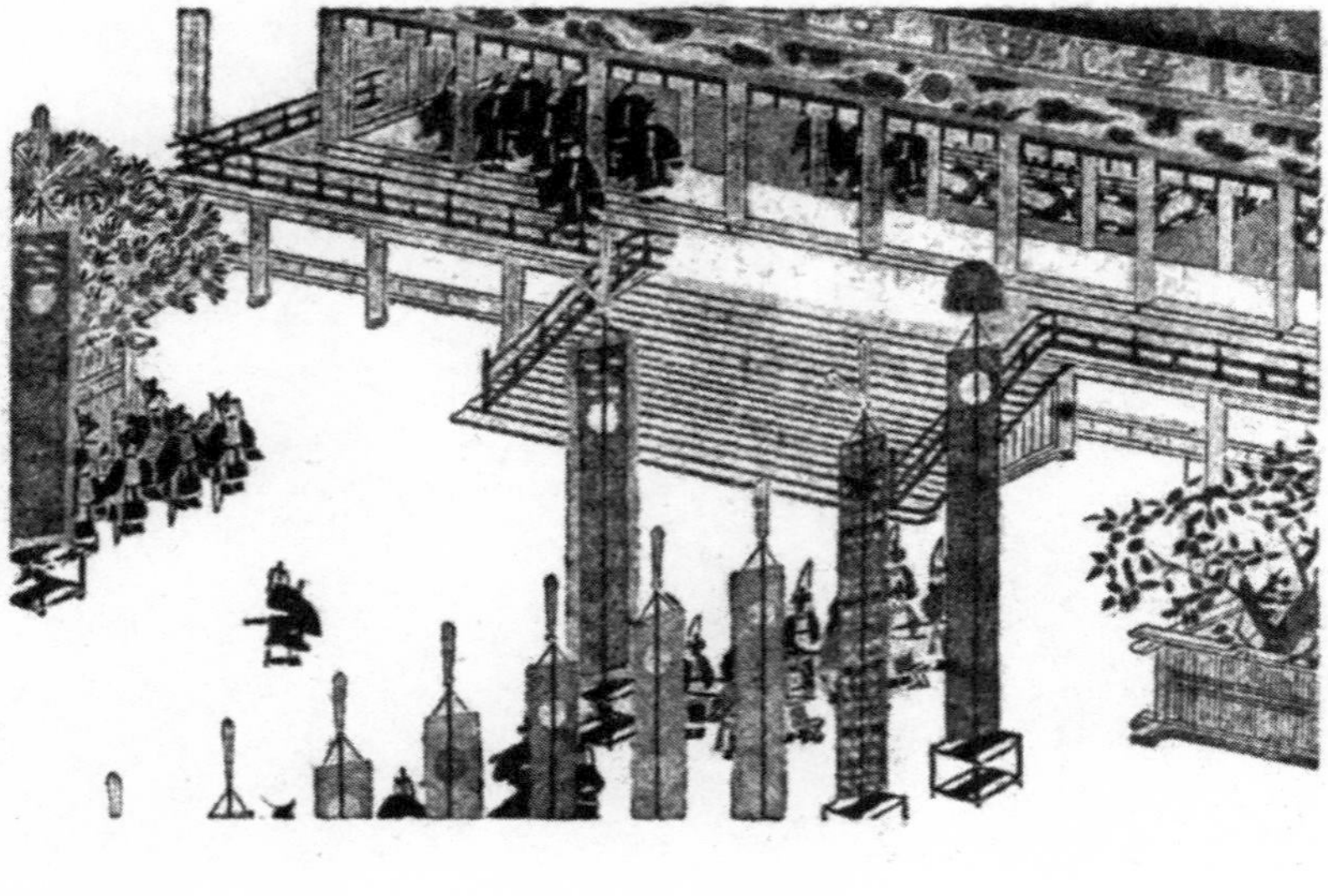

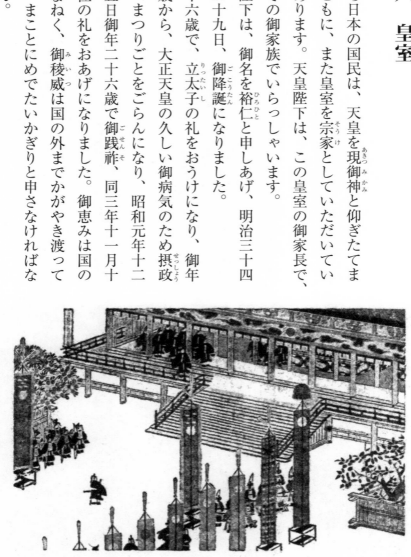

皇后陛下は、御名を良子《ながこ》と申しあげ、明治三十六年三月六日、御誕生あそばされました。御年二十二歳で、皇太子妃《ひ》におなりになり、御年二十四歳で皇后におなりになりました。

皇太后陛下は、御名を節子《さだこ》と申しあげ、明治十七年六月二十五日、御誕生あそばされました。大正天皇の皇太子にましました時、御年十七歳で皇太子妃におなりになり、御年二十九歳で皇后におなりになり、大正天皇崩御《ほうぎょ》ののちは皇太后と仰がれていらっしゃいます。

皇太子殿下は、御名を明仁《あきひと》、御称号《ごしょうごう》を継宮《つぐのみや》と申しあげ、昭和八年十二月二十三日、御誕生あそばされました。御はらからには、義宮《よしのみや》正仁《まさひと》親王《しんのう》殿下《でんか》を始め御五方《おんいつかた》がいらっしゃいます。

秩父宮《ちちぶのみや》、高松宮《たかまつのみや》、三笠宮《みかさのみや》を始め、皇族各殿下は、宮号をたまわり、それぞれの宮邸《みやてい》にいらっしゃいます。

わが大日本は万世一系《ばんせいいっけい》の天皇をいただく国でありますから、御稜威のいよいよ高く、皇室のいよいよおさかえになることは、やがてわが大日本のとこしえにさかえ行くことをしめして、私たち国民のこの上もないしあわせであります。

十七　よもの海

わが大日本は、道の国であり、義の国であります。四海同胞《どうほう》のよしみを結んで一致協力し、ともにさかえ、ともに楽しむ世界平和をつくろうとする国であります。この精神は、み国のはじめから今日まで貫ぬいて、変るところがありません。

神武天皇は、大和《やまと》の橿原《かしはら》に都をおさだめになった時、

「八紘《あめのした》を掩《おお》いて宇《いえ》と為《せ》ん」

と仰せになって、皇祖天照大神の大御心をおひろめになりました。御代御代の天皇は、この大御心のもと、皇化をあまねく四海にしくように、大みわざをおたてになったのであります。

明治天皇の御製に、

よもの海みなはらからと思ふ世になど波風のたちさわぐらむ

というおことばを拝します。

また、

ひさかたの空はへだてもなかりけりつちなる国はさかひあれども

とも仰せられてあります。

明治天皇は、特に諸外国とのまじわりを厚くしようとおつとめになりました。世界の人々は、あたかも一家の者のしたしみあうように、仲よくむつびあわなければならないとの大御心を、この御製にも深く拝察いたすのであります。

天皇陛下は、まだ皇太子であらせられた時、ヨーロッパ諸国をおめぐりになって、まじわりを厚くなさいました。そうして、今日まで、絶えず世界の平和について、大御心をもちいていらっしゃるのであります。

世界の平和をはっきりとつくりあげるためには、いろいろの国が、たがいに道義を重んじ、公明正大なまじわりを結ばなければなりません。これを守らずに、他国の名誉《めいよ》を傷つけ、自国のためばかりをはかるのは、大きな罪悪《ざいあく》であります。したがって、このような国があるとすれば、それは世界の平和をみだすものであって、私たち皇国臣民は、大御心を安んじたてまつるため、断固《だんこ》として、これをしりぞけなければなりません。

大東亜戦争は、そのあらわれであります。大日本の真意を解《かい》しようとしないものをこらしめて、東亜の安定《あんてい》を求め、世界の平和をはかろうとするものであります。私たちは、国の守りを固め、皇軍の威力をしめして、道義を貫ぬかなければなりません。

御稜威は、今や遠く海を越えて、かがやき渡っています。国のはじめ以来の精神が次々にあらわされて、東亜の世界は、日一日と安らかになって来ました。私たちは、道義日本に生まれ、世界の人々をみちびく者として、ふだんのおこないをつつしみ、その手本となるようにつとめなければなりません。そうして、よもの海の人々がほんとうに一家のようにしたしみあい、むつびあう日が来るのを楽しみにして暮しましょう。

十八　飯沼《いいぬま》飛行士

飯沼正明は昭和十六年十二月、重要任務をおびて、羽田飛行場から南方の基地へ向かって飛びました。

これより先、正明は、

「万一のことが起ったら、私はもちろん、にいさんも出征されるであろうし、そうなった場合には、二人とも戦死するものと覚悟しておかなければ」

と考えて、郷里の兄といっしょに後の心配がないよう、身のまわりをきちんと整理しました。

正明が、南方の基地についた十二月八日には、ちょうど宣戦のみことのりがくだりました。

正明は、かがやく太陽を仰ぎみて、

「み民《たみ》われ生けるしるしあり」

とにっこりしました。

ラジオで、ハワイ襲撃における海軍航空部隊の大戦果《だいせんか》を聞くにつけても、

「よし、自分もやるぞ。戦死の覚悟でここまで来たが、この分ではまだ死ねない。これからうんとお国のために働くのだ」

と、かたく心に決するのでした。

八日、九日、十日とめざす場所には悪天候《あくてんこう》、悪気流《あくきりゅう》が続きました。近くの海も一面に濃い藍色《あいいろ》をたたえて、気味わるくうねり、牙《きば》をむくような波がしらが、白くくだけています。こんなようすは、飛行士にとっては、敵弾よりももっとにが手です。けれどもその中を正明は、陸軍将校を乗せながら、おちつきはらって、飛行機操縦《そうじゅう》の任にあたりました。

さかのぼれば昭和十二年四月のことでありました。航空日本のすぐれた力を世界の人々にしめすため、アジアとヨーロッパを結ぶ大飛行が行われたことがあります。これにあたったのが正明で、飛行士としての腕はそのころから、りっぱにみがきをかけられたのでした。

この時正明が操縦した飛行機は、東久邇宮《ひがしくにのみや》殿下の御命名にかかる神風で、航空研究所のとうとい研究のあげくにできた会心の作であり、国民的なほこりを感じる純《じゅん》国産のものでありました。晴れの飛行にえらばれてからおよそ二箇月の間というもの、正明は準備のために、少しのひまもむだにしない日を送りました。

ところが四月二日の午前二時近く立川飛行場を飛び立つと、にわかに、気象がわるくなりだしました。密雲《みつうん》が深くたれこめて、ところどころ降雨《こうう》さえあるようになりました。しかし、その中をつき切って、正明は難飛行を続け、夜の明けるころ、わが九州の南端をはなれて、六時ごろには口之島上空までさしかかりました。雲はますます濃度《のうど》を増すばかり、雨は神風の翼をはげしくうって、行手はまるで見えなくなりました。その上、機上と地上とを連絡《れんらく》する無線電信までが、受信も発信もできないようにこわれてしまいました。

「行こうか、それとも引き返そうか」

正明は操縦桿《そうじゅうかん》をにぎりしめたまま、おちつきはらって、考え続けました。

「再挙《さいきょ》をはかって、全国民の熱援にこたえよう」

こう決心すると、正明はすぐに同乗の機関士へ向かって、

「引き返そう」

と、大きな声でどなりました。

この正明の沈着《ちんちゃく》なしぐさは、すぐに全国へ伝わりました。正明が歓呼の声をあびながら出て行って、しかも最初の着陸地を目前にして、悠々《ゆうゆう》と引き返して来るだけの度胸《どきょう》と、深い考えがあったことを聞いて、心ある人々は、

「今度の飛行はきっと成功するぞ」

と、その時からもう疑《うたが》わなくなりました。

三日、四日、五日と悪天候の続く中を神風はあせらずに、エンジンを調整し、ガソリンを補給して、「今度こそ」と壮挙をやりとげる態勢をととのえたのです。そうして、四月六日のあかつき、正明と機関士は、

「では行ってまいります」

と、ただ一言、無雑作《むぞうさ》に機上の人となりました。はる

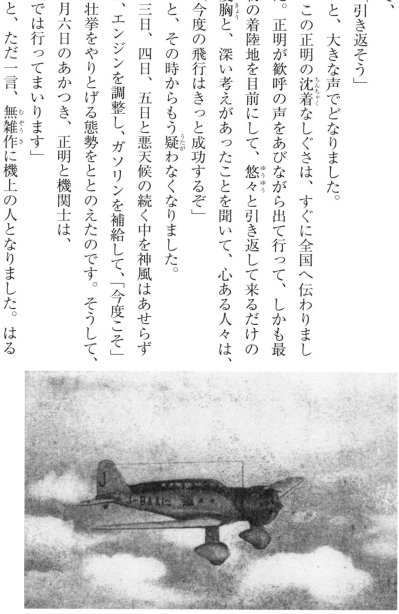

ばると幾山河、海を越えてロンドンまで行くのには、あまりにも簡単《かんたん》すぎるという感じでした。大地から爆音の響きが、すっとぬけると、もう離陸です。西北の夜空に、神風はみごとに浮かびあがりました。ゆったりとした姿で、機はするどい照明燈《しょうめいとう》の光を夜空になげかけながら、ぐんぐん高度をとって行きました。飛行場の上空を大きく一まわりして地上の歓送にこたえ、折からのぼりかけた月光を銀翼に浴びて、一路西の空へ西の空へと急いだのでした。台湾から南支へ、南支からインドへ、インドからアラビア越えて南欧《なんおう》へ、パリへ、ロンドンへと、正明はこの大飛行をもののみごとになしとげました。しかも東京ロンドン間一万五千余キロの空程を滞空《たいくう》時間五十一時間十九分二十三秒という、それまでになかった記録《きろく》で飛んで、航空交通の新しい目標《もくひょう》をうち立てることができたのであります。

それから四年有余、その間いくたびとなく危険《きけん》をこえて、今またここに大東亜戦争のおこるとともに、南方でめざましい活躍を始めたのでした。

けれども昭和十七年の一月三日になって、一億《おく》の国民は、突然飯沼飛行士戦死という知らせを受け取らねばなりませんでした。北部マライ方面の作戦において、ついに壮烈な最期《さいご》をとげた、というのです。日本男子としてほかにくらべるものもない、このりっぱな檜舞台《ひのきぶたい》で、正明は率先《そっせん》、死花《しにばな》を咲かせたのでした。

正明は、若くして逝《ゆ》きました。しかし正明の飛行士としてのたくましい魂は、きっといつまでも長く生きて、大空に羽ばたきながら、数多いあとつぎが現れるのを、さぞ待ちかねていることでしょう。

十九　北満の露

西へ進んで地中海に出るか、東へ向かって東洋に制海権《けん》をうるかが、ロシア永年《ながねん》の計画であった。明治の三十年代、ついに東亜の世界へ進出して、満洲、支那はいうまでもなく、わが日本の領土をさえ、おかそうとする気勢を見せるにいたった。そこで、大日本帝国は道義を貫ぬくため、やむなく砲火を以てまみえ、ここに日露戦役が始ったのである。

宣戦《せんせん》のみことのりがくだると、すぐに重要な特別任務をおびて、陸上水雷隊をつくり、身に爆薬をいだいて、敵の鉄橋・鉄道線路と運命をともにしようとする忠勇義烈《ぎれつ》な人々の一団があった。

このうちに横川省三《しょうぞう》、沖禎介《ていすけ》の二烈士がある。不幸《ふこう》にも事こころざしと違い、ついに敵に捕らわれの身となって、明治三十七年の四月十一日、ハルピンに送られ、死刑《しけい》の宣告《せんこく》を受けた。

二烈士は、最期《さいご》にのぞんでも皇国臣民としての信念にみちみちて、家族へ情味あふれる書面を送った。

同時に、

「わが大日本では、君国のためたおれたものに対しては、天皇陛下は、遺族を決してお見捨てになりません。わが同胞《どうほう》も、また遺族をまごころこめていたわります。どうか、貴国《きこく》の傷病兵のため、この金を使っていただきたい」

といって、たずさえていた一千ルーブルの金を、ロシア赤十字病院へ寄附するよう申し出た。尊い日本の国がらを知って、ロシア軍人は今さらのようにおどろいた。

死刑執行《しっこう》の日、刑場へ向かう馬車に、二人はゆったりと乗り込んだ。ハルピン市外、四月の夕日は、弱く二人を照らした。でこぼこのはげしい道路をゆられて、馬車はまもなく広々とした平野に出た。

見れば、ロシア射撃場の一隅《ぐう》に、新しい二本の柱が立っている。柱の前に来た時、ロシア士官が「止れ」の号令

をした。二人は馬車からおりると、おちつきはらって、その柱へあゆみ寄った。そこへ一匹の犬が近づいて来る。横川省三は、そっと犬の頭をなでてやった。

やがて、二人は柱の前で直立《ちょくりつ》不動の姿勢をとり、つつしみ深いしぐさで、はるか東の空宮城の方をふし拝み、終ってにこやかに笑《え》みをもらした。静かに沈む赤い夕日が、二人の顔をそめて、その姿は、まったく神か人かと思われるばかりであった。武人の面目を重んじて、目かくしされることをさえしりぞけた。

空に一声、雁が鳴いて過ぎると、あたりはしんとして息をのむような静けさ。その静けさを破って、

「ねらえ」

号令と同時に、二烈士は両手を高くあげ、

「天皇陛下万歳」

この声のまだ終らないうちに、

「撃て」

たちまち響く銃声もろとも、二烈士はついにハルピン市外の露と消えた。

この力強さ、最後まで皇国を思うの念あればこそ、日露戦役は、やがて奉天の会戦に、また日本海々戦に、日本軍が大勝利を博したのであった。

二十　昔から今まで

世界には、幾つもの国が起ってはほろび、起ってはほろびました。ギリシャという国がありました。ローマという帝国がありました。支那大陸では、漢《かん》という国、唐《とう》という国、元という国など、いろいろの国がさかえては、またほろびたのであります。

この間、幾千年かの歳月がたちました。長い歳月の間に、あるいは国のために、命をささげ身を捨てて戦った勇士がありました。けれども、それらの人のいさおは、国がほろびるといっしょに消え失せました。国がほろびては、その名をとどめることさえ、できないのであります。

自然の山や川は、昔ながらに変りがなく、また春の来るごとに、草木は青々と茂ります。しかし、そこに住む人たちの生まれた国は、かならずしも祖先と同じではありません。昔から今まで続いて、今から先も、またかぎりなく続いて行く国は、世界にただ一つ、わが大日本があるだけであります。

国史が文字でしるされる前、国史がことばでかたり伝えられる前から、神の国日本は続いています。伊弉諾尊《いざなぎのみこと》・伊弉冉尊《いざなみのみこと》の国生みのはじめから、大日本は生々発展の国として、さかえて来ました。

今までの国史を眺めると、時代によっては、くもりを持ったこともあります。けれども、く

もった時には、かならず、みんなみ国のはじめを思い出して、まもなく、「大日本は、神の国である」という、ほんとうの姿を現すのでした。そうして皇室と臣民とは、つねに一体となって、道義を貫ぬいて来ました。

江戸時代の末に、幕府《ばくふ》を倒してしまおうとする人々と、幕府のためにつくそうとする人々とが、あらそったことがあります。また、外国をうち払おうとする考えの人々と、外国とまじわりを結ぼうとする考えの人々とがあらそいました。そのために、世の中が一時さわがしくなったのであります。

けれども、その人々は、すぐに正しい道を進まなければならないことに気がつきました。それは、幕府につかえていようと、大名につかえていようと、武士であろうと、町人であろうと、みんな日本人は天皇陛下の臣民であるということであったのであります。このために、もはや道をあやまることなく、当時の日本国民は、明治天皇のみおしえを奉じて、明かるく、かがやかしい明治の大御代を迎えることができました。

今、日本はアメリカやイギリス、そのほかの国々を相手として、戦争をしています。昭和十六年十二月八日、宣戦《せんせん》のみことのりをいただいてから、皇国の臣民は、一すじに大御心を奉体し、君のため国のためにつくそうと、かたく決心したのであります。

太平洋や南の海には、すでに新しい日本の国生みが行われました。神代の昔、大八洲の国生みがあったと同じように、この話は、末長くかたり伝えられるものです。ちょうど私たちが、神武天皇の御代を仰いだり、明治の御代のみさかえをことほいだりするように、のちの世の人々が、昭和の御代の御光りを仰ぎ見る日が参ります。私たちは、これからも日々のおこないをつつしんで、りっぱな国史をつくりあげるようにつとめましょう。

初等科修身　四

一　大御心の奉体

明治二十三年十月三十日、明治天皇は、皇国臣民の守らなければならない道の大本をおしめしになるため、教育に関する勅語《ちょくご》をたまわりました。

勅語のはじめには、

朕惟《おも》うに、我が皇祖皇宗国を肇《はじ》むること宏遠に、徳を樹《た》つること深厚なり。我が臣民克《よ》く忠に克く孝に、億兆心を一《いつ》にして世々《よよ》厥《そ》の美を済《な》せるは、此《こ》れ我が国体の精華にして、教育の淵源亦《また》実に此《ここ》に存す。

と、仰せられてあります。

ここには、わが皇室の御祖先のかたがたが、国をおはじめになるにあたって、皇祖の神勅を奉体され、規模《きぼ》まことに広大《こうだい》で、いつまでも動かないようになされたこと、更に御徳をお積みになり、臣民をおいつくしみになったことをおのべになっていま す。また、皇国の臣民も忠と孝との大道を守り、すべてのものが心をあわせて、御代御代の天皇におつかえ申しあげて来たことをおしめしになっています。

こうして、まずわが国がらのうるわしいところを明らかにし、教育のもとづかなければならない点をおさとしあそばされたのであります。

勅語には次に、

爾臣民《なんじしんみん》父母に孝に、兄弟《けいてい》に友に、夫婦相和し、朋友相信じ、恭倹己《おの》れを持し、博愛衆に及ぼし、学を修め、業《ぎょう》を習い、以《もっ》て智能を啓発し、徳器を成就し、進《すすん》で公益を広め、世務を開き、常に国憲《こっけん》を重《おもん》じ、国法に遵《したが》い、一旦緩急あれば義勇公《こう》に奉じ、以て天壌無窮《てんじょうむきゅう》の皇運を扶翼《ふよく》すべし。是《かく》の如きは独り朕が忠良の臣民たるのみならず、又以て爾祖先の遺風を顕彰するに足らん。

と、のたまわせられました。

私たち臣民は、父母に孝行をつくし、兄弟姉妹《しまい》仲よく暮し、夫婦たがいにむつまじくしなければなりません。友だちには信義を以てまじわり、つねに自分をひきしめて気ままでなく、しかもひろく世間の人になさけをかけることが大切であります。また、学問をおさめ業務を習って、知識才能《ちしきさいのう》を進め、徳あるりっぱな人となり、進んで公共のためをはかり、世間に役だつ仕事をしなければなりません。つねに国の定めを重んじて、法令をよく守ることが大切でありま す。いったん国に事ある場合には、勇気をふるいおこして、命をささげ、君国《くんこく》のためにつくさなければなりません。このようにして、あまつひつぎの大みわざをお助け申しあげるのが、私たち臣民のつとめであるとの仰せであります。

しかも、かような行いをなしとげることは、天皇陛下の忠良な臣民であるばかりでなく、私たちの先祖がのこした美風をあらわすものであるとの、ありがたいおことばであるのでありま す。

勅語には最後に、

斯《こ》の道は実に我が皇祖皇宗の遺訓にして、子孫臣民の倶《とも》に遵守すべき所、之《これ》を古今に通じて謬《あやま》らず、之を中外に施して悖《もと》らず。朕爾臣民と倶に拳々服膺《けんけんふくよう》して、咸其徳《みなその》を一にせんことを庶幾《こいねが》う。

と、おいい聞かせになっております。

右にしめされた皇国の道は、明治天皇が改めておきめになったものではなく、実に皇祖皇宗のおのこしになったみおしえであって、皇祖皇宗の御子孫も臣民も、ともに守らなければならない道としておしめしになったのであります。更に、この道は昔も今も変りなく、国の内外を問わず、どこにでも行われるものであることをおさとしになっております。天皇は、御みずから臣民といっしょにこの道をお守りになり、御実行になって、みなその徳を一つにしようとの仰せであります。まことにおそれ多いきわみと申さなければなりません。私たちは、日夜この勅語を奉体して、大御心にそいたてまつるようにつとめなければなりません。

二　私たちの家

私たちの家では、父は一家の長として仕事にはげみ、母は一家の主婦として父を助けて家事にあたり、ともに一家の繁栄《はんえい》をはかっています。

父母の前は祖父母《そふぼ》、祖父母の前は曽祖父母《そうそふぼ》と、私たちの家は、先祖の人々が代々守り続けて来たものであります。先祖の人々が家の繁栄をはかった心持は、父母と少しも変りがありません。

私たちは、このように深い先祖の恩を受けて生活しているものです。したがってこの恩を感謝して、先祖をあがめ尊び、家の繁栄をはかることは、自然の人情であり、またわが国古来の美風《びふう》であります。

昔、大伴家持《おおとものやかもち》は、

剣太刀《つるぎたち》いよよとぐべしいにしへゆさやけく負ひて来にしその名ぞ

といって、一族をさとしました。

また菅原道真《すがわらのみちざね》の母は、道真が十五歳になって元服した時に、名誉ある父祖の業をついで、いっそう家をさかんにするようにと、

久方の月の桂《かつら》も折るばかり家の風をも吹かせてしがな

とよみました。

先祖に対しては、祭祀《さいし》を厚くすることが大切であります。そうしてよく先祖の志をつぎ、先祖ののこした美風をあらわすようにつとめなければなりません。

一家の中で、一人でも多くよい人が出て、業務にはげみ、君国《くんこく》のために力をつくせば、一家

の繁栄を増すばかりでなく、また一門の名誉を高めることになります。もしもただ一人でも不心得の者があって、わるいことをしたり、つとめを怠ったりするものがあれば、うち中の人に難儀をかけて、親類《しんるい》までが肩身のせまい思いをしなければなりません。

このように一人のおこないのよしわるしは、ただちに一家一門の幸不幸《こうふこう》となり、先祖の人の名にもかかわるのであります。それゆえ、一家の人々は、みんな心をあわせて家の名誉と繁栄のために力をつくし、先祖に対してはよい子孫となり、子孫に対しては、またりっぱな先祖となるように、絶えず心がけなければなりません。

三　青少年学徒の御親閲《ごしんえつ》

昭和十四年五月二十二日、かしこくも天皇陛下には、宮城二重橋前の広場へお出ましになり、青少年学徒の代表者《だいひょうしゃ》に、御親閲をたまわりました。

また御親閲の式が終ってから、文部大臣を宮中にお召しになって、表御座所で全国の青少年学徒に勅語《ちょくご》をたまわりました。

全国の学校では、みなこの光栄の日をえらんで、青少年学徒にたまわりたる勅語の奉読式をあげ、大御心を奉体し、皇運の隆昌《りゅうしょう》をいつまでも守り続けて、聖恩にむくいたてまつるの覚悟を新しくするのであります。

そうして、この日を記念するため、学校では、神社参拝をするほか、いろいろの行事をいたします。

青少年学徒にたまわりたる勅語は、私たちの心がまえについておさとしになったものであります。国民学校の児童《じどう》として、私たちにいちばん大切なのは、陛下の赤子《せきし》として、りっぱな日本人になる覚悟を、しっかりかためることであります。

江戸時代の末に佐久良東雄《さくらあずまお》という勤皇の志士《しし》がありました。この人が、

すめろぎにつかへまつれとわれを生みしわがたらちねは尊くありけり

という歌をうたっていますが、この精神こそ、わが皇国臣民の、世界に類のないもといであります。

国民学校は、こうした大切な精神をかためて、みんなりっぱな日本人になるために、教育する学校であります。

陛下の赤子として、私たちがりっぱな日本人に

なるためには、修練しなければなりません。修練とは、がまん強い心と負けじ魂とを以て、なにごとでもほんとうに身につくようにすることであります。

学校でも、科目《かもく》のすききらいをいうようなことがあってはなりません。またからだを丈夫にし、自学自修につとめて、向学心にもえなければなりません。

青少年学徒にたまわりたる勅語には、

国本《こくほん》に培い、国力を養い、以て国家隆昌《りゅうしょう》の気運を永世に維持せんとする任たる極めて重く、道たる甚《はなは》だ遠し。而《しこう》して、其《そ》の任実に繫《かか》りて汝等《なんじら》青少年学徒の双肩に在り。汝等其れ気節を尚《たっと》び、廉恥《れんち》を重んじ、古今の史実に稽《かんが》え、中外の事勢に鑑《かんが》み、其の思索を精にし、其の識見を長じ、執《と》る所中《ところちゅう》を失わず、嚮《むか》う所正《ところせい》を謬らず、各其《おのおの》の本分を恪守《かくしゅ》し、文を修め、武を練り、質実剛健の気風を振励し、以て負荷の大任を全くせんことを期せよ。

と仰せられてあります。国民学校では、この大御心にそいたてまつるよう修練の教育を行います。

私たちは、各自の本分をつつしみ守って、文武の修練を怠らず、質実剛健《ごうけん》の気風をふるい起さなければなりません。それがそのまま、皇国の臣民として、世界に正しいことを貫ぬき、平和をうち立てる大きなつとめを果すことになるのであります。

御親閲記念の日を近く迎えて、私たちは、はっきりとはらをきめ、修練の日々を楽しく過すようにいたしましょう。

四　父と子

幕末《ばくまつ》のこと、杉百合之助《ゆりのすけ》の家では、春秋の二回、日をきめて、藩公《はんこう》毛利氏の先祖をまつってあるやしろと、氏神様におまいりするならわしであった。

そうでなくても、百合之助は毎朝家のだれよりも早く起き、清水を汲んで先祖のみたまに供え、西の方藩公のおられる萩城《はぎじょう》を拝し、東に向かって、うやうやしく皇室のみさかえを祈ることにしていた。

ある年のその日の朝、あたりはまだ暗くしずまりかえっていた。

「梅太郎も、大次郎も、目がさめたか」

声をかけると、どちらが先ともなしに、兄弟二人がすぐに答えた。

「はい、とっくに起きております」

「では、庭におりなさい」

春まだ浅く、肌《はだ》にせまるあかつきのやみのつめたさ。足もとにくずれるしも柱の色は見えぬが、地は堅くこおっている。

百合之助は、二人の男の子をつれて井戸ばたへ

出た。

「いつもいうように、からだを洗い、心を清めるのだ。まず、わたしが先にやる」

くるくると着物を脱ぐと、つるべを取り、水を汲みあげて、つめたさをもいとわず、ざぶりと頭から浴びた。

「すがすがしい気持だ。今度は、梅太郎、なさい」

「はい」

まだ明けやらぬうす明かりの中に、汲みあげられる水は、氷のように白く光る。しかし、梅太郎は元気よくかぶった。

「さあ、次は大次郎」

「はい」

満々と水を汲み入れたつるべは、幼い大次郎の腕には、かなりに重かったが、それでも大次郎は、ゆっくりとあわてずに、ざぶりざぶりと上手に浴びた。

家の中では、あかのつかない、さっぱりした着物を取りそろえて、母が静かに待っていた。

「では、出かけるぞ。途中で人におうても、ことばをかわしてはならない」

父百合之助の声は、いつもとは違って、きびしさをふくんでいた。

この宮まいりの朝だけは、心をけがすことのないよう、家の外へ足をふみ出したら、決して人と口をきかぬと父と子は、かねてかたく約束してあったのである。

この日、無事におまいりをすまして、家に帰ってからのことであった。

「梅太郎は、何を祈った」

と、父がたずねた。

「はい。皇室のみさかえを祈り、殿様の御無事を願いました」

「うむ。なるほど。では、大次郎は」

「私も、第一に皇室のみさかえを祈りました。それから、自分がほんとうの日本国民になることをお誓いいたしました」

「ほんとうの日本国民とは、どういうことか」

「臣民としての道を守り、命をささげて陛下の御ためにつくすのが、ほんとうの日本国民だと、玉木のおじ様が教えてくださいました」

「うむ。それを神様にお誓いしたのか」

百合之助は、わが子ながら大次郎は、あっぱれな魂の持主だと心ひそかに感じいった。

大次郎とは、だれあろう。のちに寅次郎《とらじろう》と名を改め、おじ吉田大助の家をついで、吉田松陰《しょういん》先生とあがめられるようになったその人である。

五　師につかえる

弘化《こうか》三年、松陰が十七歳になった時のことである。

きのうは、一日中ひどい風が吹いて、浜辺から海鳴りがとどろいて来た。今日もまだそのなごりで、庭木の枝のゆれる音が、耳についてならない。

このころ、松陰は林真人《まひと》という先生の家に住みこんで、その教えを受けていた。松陰は、十一歳、十三歳、十五歳と三回ほど、藩主毛利敬親《はんしゅもうりたかちか》の前へ出て、兵学の講義をした。

「よく、できる」

といって、たいそうほめられたが、なかでも十五歳のおりには、ほうびとして、「七書《しちしょ》直解《ちょっかい》」という書物をいただいた。それでもなお兵学をいよいよ深くきわめるため、努力《どりょく》を続けたのである。

松陰の部屋は、二階になっている。寝る前、窓べから見た大空には、雲はすっかり風に吹き払われて、あちこちにさえた色で光る星が仰がれた。

それから、どれくらいの時間がたったであろうか。松陰は、夢の中で、ただごとでないにおいを感じて、はっと目がさめた。がばとはね起きると、夢ではない。部屋いっぱいに、もうもうたる煙が、うずを巻いている。そのとたん、階下からも、けたたましい叫びがつきあがって来た。

「火事だ」

「火事だ」

松陰は、とっさに身支度をすまして、どどっと階段をかけおりて行った。まだやまない強い風にあおられて、火のまわりは早かった。ほのおの勢はものすごく、もう手のつけようもない。

「さわぐな」

かけおりて来るやいなや、松陰はみんなを大声でしかりつけた。家の人々は、ただうろうろと逃げまどい、わあわあ泣きわめくばかりであった。

「女と子どもは、そのまま外へ行け。男はだいじなものだけ、運び出せ」

煙は真黒になって、もくもくと吹き出し始めた。女、子どもは、泣きながら戸外へとび出して行く。その後を追いかけるようにして、本箱や、たんすを引っかついだ男たちが続いた。

松陰は一生けんめいになって、本という本を手あたりしだいにつかみ出し、家の外へほおり出した。

めらめらと、あかいほのおが身近にせまって来る。松陰がとび出すと、まもなく、ばりばり、めりめりと、はりや柱が響きをあげて、くずれ落ちた。ほのおの色は夜空をこがし、恐れおののく人々の顔を、ものすごく照らし出した。

やがて、松陰の大奮闘によって、書物の大部分と、家財《かざい》道具のいくらかを取り出しただけで、林真人の家は後かたもなくなって、一山の灰になってしまったのである。

休むひまもなく、後かたづけに元気いっぱい働きながら、松陰は、先生にあいさつをした。

「死人もなく、けが人もなかったのは、なによりでした」

「いや、それだけではない。きみの働きで、だいじな書物が、ほとんど全部助ったのは、大きなさいはいだった。それに引きかえ、きみが着のみ着のままになって、書物も着物も、みんな失ったのは、まことにお気のどくだ。ありがたいやら、申しわけないやら、なんともいうことばがない」

「私の持物など、少しも惜しいことはありません」

「いや、ことに相すまないのは、きみが殿様からいただいたあの七書直解を灰にしてしまったことだ。まことに取りかえしのつかないことをしたな」

「あ、七書直解ですか。惜しいことは惜しかったのですが、もうあれは十分はらに入れたつもりですし、また殿様には、私から重々おわびいたしますから、どうぞ御心配なく」

松陰はかえって師と仰ぐ林先生を慰めるのであった。ほんとうに松陰は自分のものを、何も惜しいとは思っていなかった。むしろ、力が足りないため、もっとたくさん、いろいろのお手伝いができなかったことを、はずかしいとさえ考えていた。

師につかえるのに、私心があってはならない。しかもどんな場合にも、自分をみがくのが、学問するものの態度である。松陰のおこないは、つねに自分のまなぶところと、一つになっていたのだ。

六　松下村塾《しょうかそんじゅく》

冬ながら、もう十日余りも風のないおだやかな天気がつづく。

ここ松本村新道の杉家のやしきうちでは、のみやつちの音が、いそがしそうに響いている。宅地の中にあった小屋を手入れして、それを八じょう敷きの小さな家に建てなおそうというのである。

松陰が二十八歳のとし。安政《あんせい》四年十一月のことであった。

松陰は集って来る村の子弟たちを教えみちびくため、おじの久保五郎左衛門の力ぞえで、その学舎をつくろうと思いたったのである。これからのびようとする青少年たちに、何かしら、手伝ってやりたかったのだ。

おだやかな冬の日ざしを背に浴びながら、松陰はできあがって行く家の前庭に、梅の木を植えていた。ふと足もとにさす影法師に気がついて顔をあげると、高杉晋作《しんさく》がにこにこしながら近づいて来た。

高杉は今年の秋、塾にはいったばかりの青年である。

「先生。いよいよ、できあがりますね」

「おかげでな」

「しかし戸障子がありませんね」

「ない。たたみもないぞ。しかし、ござを敷けばよい」

手入れをして、やっと雨露のもらないようにするという塾を前にして、松陰と晋作とは、ほほえみながら、向かい合っていた。

けれども、まもなく塾が、その八じょうきりの屋根の下で、開かれるようになると、だれとなく少しずつの金を出し合って、障子を買って来たり、また古だたみを持って来たりして、粗末ながら、塾のかたちができあがったのである。

本をたくさん読むことが、そのままよいのではない。よい本をえらんで、その一さつ一さつが、自分の考え方をしっかりさせる読み方でなければならない。松陰はいつでもよい本をたくさん読んでは、全部それを自分の身につけて、心をゆたかにしようとつとめた。

門下の人々がふえて、八じょうしかない塾は、だんだんせまくなって来た。安政五年の三月ごろ、

「どうだ。ひとつ、ぼくらの手で建て増しをしようではないか」

という話が、だれいうとはなしに持ちあがって、松陰先生の許しが出ると、すぐその明くる日から、塾生たちは、みんなで木を運び、板を集めた。工事が、にぎやかに始ったのである。

血気ざかりの青少年ばかり。建て増し工事は、またたくうちにはかどった。松陰ももちろん、先生みずから塾生といっしょになって、柱を立てたり、壁土をこねたりした。

この塾で、松陰が教えた学問はいろいろある。もっとも松陰の力こぶを入れたのは、皇室を尊び、至誠を以て貫ぬき、実行力を持つ、という精神を養うことであった。江戸数百年の間ねむっていた当時の人々をさとらせて、皇室を尊ぶようにさせなければならないというのである。そのためには、一人でも多く大義に目ざめた人物が必要である。そうして一人よりも百人、百人よりも千人、万人。日本国中の人々をゆりさまさなければならない。

松陰は、ひたすらこの大道を至誠を以て実行しようとしたのである。

わずかに十八じょうの古い家の塾であった。しかし、このせまい塾に集った青少年の中から、久坂玄瑞《くさかげんずい》、高杉晋作を始めとして、明治維新《いしん》のおり、身を以て国事につくした大人物がたくさん出た。それに、村にのこって、おのれをおさめ、家を守った弟子たちにも、一人としてまちがったことをしたものはなかった。みんな松陰にみちびかれて、書物も読めば、剣道《けんどう》もやる。あるいは養蚕をしたり、米つきをしたりして、魂をねりあげたのである。

松陰の塾を松下村塾と呼んだ。ここでは、武士の子も、農家の子も、へだてはなかった。また松陰は、決して先生だという高慢《こうまん》な態度をとらなかった。先生と塾生の膝《ひざ》と膝とが、くっついている。礼儀は正しいが、へだてはなかった。

塾は、だんだんと大きくなって行った。そうして、み国の柱となる忠義の士が、たくさんに生まれたのである。

七　野村望東尼《ぼうとうに》

元治《げんじ》元年十一月、福岡平尾の山荘《さんそう》をおとずれた二人の武士があった。一人は、筑前藩《ちくぜんはん》の勤皇家として知られた月形洗蔵《つきがたせんぞう》。いま一人は、このあたりに見かけない武士であるが、その丈の高さと、男らしいふるまいとが、ひどく人目をひく。

庭で落葉をかき集めていた老尼が、目ざとくこれを見つけて、

「月形様、ようこそおいでくださいました」

といいながら、柴折戸《しおりど》まで出迎えた。洗蔵は、

「今日は、めずらしいお客を案内いたしました。長州の高杉氏です」

と紹介《しょうかい》した。そこで、高杉は、ていねいにあいさつをした。

老尼は、先に立って二人を座敷へ案内する。座

についた洗蔵は、

「お願いがあって、まかり出ました。と申すのは、この高杉晋作《しんさく》殿が、藩中佐幕派《さばくは》の圧迫《あっぱく》を受け、当地へ身を寄せられました。ついては、とかく城下は人目にふれやすいので、ぜひともこちらのお力にすがりたいと考えて参ったのであります」

と、老尼に頼んだ。

山荘の主野村望東尼は、若い時から、夫《おっと》新三郎の感化を受けて、勤皇の志に厚く、夫の死後髪《かみ》をおろして尼《あま》となってからは、特に志士《しし》たちに力ぞえをするため、必死になって働いたのである。望東尼を慈母《じぼ》のようにしたう者は多く、山荘はいつも諸国の志士たちの集り場所にえらばれた。晋作が、ここに案内されたのも、実はそのためであった。

ふと目を移すと庭先の木立の中に、小さな祠《ほこら》がある。建武《けんむ》の忠臣、楠木正成をまつっているという望

東尼の説明を聞かされて、晋作は奥ゆかしいものを感ぜずにはおられなかった。

ここに手厚く、もてなされている間、朝夕顔を合わせ、ことばをかわすにつけても、男もおよばない女丈夫の魂にふれては、いよいよ心服するばかりであった。

望東尼は、晋作から時勢について教えを受け、深く事態を知り、いっそう勤皇の志をかためたのである。小倉まで来ていた薩藩《さっぱん》の西郷隆盛《さいごうたかもり》を晋作とあわせるようにしたのも望東尼であった。この時、晋作におくった歌に、

くれなゐの大和錦もいろいろの糸まじへてぞあやはおりける
もののふの大和心をより合はせただ一すぢの大綱にせよ

とある。山荘での会見で、二英雄の意気があって、勤皇討幕《とうばく》の実をあげる薩長連合《れんごう》の力強い大綱が用意されたのである。

ある日のこと、一通の手紙を受け取った晋作は、望東尼の前に坐して、急いで帰国する旨をつげた。望東尼は、

「今こそ、あなたのお働きになる時です。こんなこともあろうと存じて、着物をととのえてお

きました」

と、あらかじめ仕立てておいた着物に、羽織、じゅばんまで取りそろえて、さし出した。晋作が感動したのは、いうまでもない。

明治の大御代の開ける少し前、こうしたやさしい女の力が、どれだけ新しい日本をつくりあげるのに役だったか、はかり知れないものがある。

男まさりの望東尼は、決して女らしさを忘れる人ではなかった。玄海灘《げんかいなだ》の一孤島姫島《ことうひめしま》に捕らわれの身となった時も、女の身だしなみは、身を清くたもち、かたちをくずさないものだといって、着物などもさっぱりしたものをつけ、きちんとすわって、筆をとったり、紙細工に工夫をこらしたりした。

志士の母ともいわれる野村望東尼は、勤皇のためにたおれた人たちをとむらうの念から、自分の小指を切って、その血で経文をうつしたこともある。また、慶応《けいおう》三年九月、討幕のため薩長連合軍が進発するのを見送ったのち、

「最後の御奉公をしなければ」とかたく心に誓い、宮市の天満宮にこもって、勝利《しょうり》の祈願《きがん》をこめ、十七日間断食《だんじき》をしたこともある。

女の身ながら、勤皇の精神にもえた望東尼の一生はなんというかがやかしいことであろう。平尾山荘は、今もなお人々の心をはげましているのである。

八　国民皆兵《かいへい》

日本人は、本来平和を愛する国民であります。けれども、一朝国に事ある時は、一身一家を忘れ、大君の御楯《みたて》として兵に召されることを男子の本懐《ほんかい》とし、この上ないほこりとして来ています。

大日本は、昔から一度も外国のために国威を傷つけられたことがありません。これは、まったく御代御代の天皇の御稜威《みいつ》のもとに、私たちの先祖が、きわめて忠誠勇武であったことによるのであります。私たちも、また、心を一つにしてこの大日本を防衛し、先祖以来の光輝《こうき》ある歴史を無窮《むきゅう》に伝える覚悟がなければなりません。

日本臣民中、満十七歳から満四十歳までの男子は、みな兵役に服するの義務があります。満二十歳になると、かならず徴兵《ちょうへい》検査を受け、現役兵となって陸軍、あるいは海軍にはいるのであります。もし、国に一大事が起った場合には、現役にある者はもちろん、みんな召集《しょうしゅう》に応じて出征する定めになっています。

一たびいくさが始れば、第一線に立って働くのは、いうまでもなく軍人であります。しかし、今日のいくさは国と国とが全力をあげて戦うのでありますから、真の挙国一致《きょこくいっち》でなくては、勝つことができません。したがって、銃後の国民もまた第一線の将兵といっしょに、重大な任務をになうものであります。第一線に軍需品《ぐんじゅひん》を送り出す任務はもちろんのこと、いくさがどんなに長引いても生活を引きしめて、軍費《ぐんび》をつくり、産業をさかんにすることが必要です。

そればかりではありません。敵機がいつ私たちの上空に現れて、爆弾の雨を降らせるかわからないのであります。その時は、女でも子どもでも、沈着《ちんちゃく》に、できるだけの任務を引き受けて、身を以て防護にあたらなければなりません。

戦時にあたって、国防の目的を達成するためには、この

ように国の全力をあげて事にあたる国家総動員ということが、いちばん大切であります。

日本男子たる者は、少年の時から身体を強健にし、元気をやしなって、成長ののちはみごとに徴兵検査に合格《ごうかく》し、陸海軍にはいって、名誉あるつとめを果すことができるように心がけなければなりません。また軍隊にはいれないような場合でも、つねに心身をねり、技能《ぎのう》をみがいて、すわといえば、ただちにこれに応じて国難にあたることが大切であります。

九　伊能忠敬《いのうただたか》

伊能忠敬は上総《かずさ》に生まれ、十八歳の時、下総《しもふさ》佐原の伊能氏の家をつぎました。

伊能氏は、代々酒をつくるのを業とし、土地で評判《ひょうばん》の資産家で、いろいろ地方のためにもつくしていましたが、忠敬がついだころは、だいぶ家運がかたむいていました。

忠敬は、どうかしてもとのようにさかんにしようと思って、一生けんめいに家業にはげみ、自分が先に立って倹約しました。それで、家はしだいにはんじょうして、四十歳になるころには、以前よりもゆたかになりました。

忠敬は関東に二度もききんがあった時、その都度、家風にしたがって、金や米をたくさん出して、困っている人々を助けました。また公職について、村のためによくつくしました。

五十歳になった時、忠敬は家を長男にゆずり、翌年江戸に出ました。そのまま引き込んで、らくをしようというのではなく、もっぱら学問をして世のため人のためにつくそうと、こころざしたのであります。忠敬はもとから天文・暦法《れきほう》がすきで、これまでも仕事のひまひまには怠らず勉強をしたので、その知識《ちしき》はかなり深くなっていました。

ある日、高橋至時《よしとき》という天文学者《がくしゃ》をたずね、その西洋暦法にくわしいのに感心して、自分よりも十九も年下の至時の弟子になって、教えを受けることとしました。それから数年間うまずたゆまず勉強しましたので、大いに上達し、特に観測の術にかけては、同門中忠敬におよぶ者がないほどまでになりました。

五十六歳の時、人跡《じんせき》まれな北海道の南東海岸を測量し、地図を作って幕府《ばくふ》にさし出しました。そののち、幕府の命を受けてあち

らこちらの海陸を測量することになり、寒暑《かんしょ》をいとわず遠方まで出かけて、とうとう全国の測量をなしとげました。

その時すでに七十二歳に達していましたが、それからもからだの自由のきかなくなるまで、日本地図を作ることにつとめて、ついに大中小三種の精密な地図を作りあげたのでした。わが国の正しい位置や形状が始めて明らかになったのは、まったく忠敬が勤勉であったたまものであります。

十　岩谷九十老《いわたにくじゅうろう》

岩谷九十老は、石見国安濃郡川合村《いわみのくにあんのぐんかあい》に生まれた。家は、世々地方指おりの豪農《ごうのう》であったが、九十老は生まれ落ちる時から母の乳が出なかったため、あるまずしい農家の里子として育てられた。

やや長じて家に帰ったのちの九十老は、すこぶるわんぱく者であった。けれども、父はさすがに九十老の非凡《ひぼん》なことを知って別にこれをとがめず、かえって、この子こそよく岩谷家をつぐ者であるといって九十老を愛した。

父は九十老をしつけるのに、ひたすら勤労に服させる方法を取った。八歳の時、始めて村医について読み書きをまなばせたが、日課が終って家に帰ると、すぐ奉公人といっしょに田や畠で働き、夜はかならず草履《ぞうり》一足、または縄《なわ》二十尋《ひろ》をなわせるという風であった。

二十六歳で家をつぐと、川合村四組総年寄役にあげられ、また浜田・福山・鳥取《とっとり》三藩の御用達を命ぜられた。九十老の一生を通じての事業は、この時に始ったのである。

九十老の事業は、すこぶる多方面であった。中でも、この地方の人たちが今でもその徳《とく》をたたえているのは、飢饉救済《ききんきゅうさい》のことである。

もともと、石見国は土地がやせ、五穀《こく》がゆたかでないから、一度天候がわるくなると、たちまち飢饉になった。九十老が家を受けついだ天保《てんぽう》四年から、家をその子にゆずった明治二年まで、米や金をほどこし、米の安売をして、難儀な人をすくったことが数十回、世の人は九十老を呼んで、「米安様」とか、「米安大明神」とか、呼んだという。

天保七八年の大飢饉には、くらをからにして、難儀な人々をすくい、さらに福山藩の兵糧米《ひょうろうまい》五百俵《ぴょう》の払いさげを受けて、やっと、その年の急場をすくうことができた。

明治二年の大凶作《きょうさく》のおりには、私財《しざい》二万貫文《かんもん》をなげ出して、自分の子といっしょに全力をつくして救済につとめた。

慶応《けいおう》二年のことであった。幕末維新《ばくまついしん》の機はせまって人心も不安であったおりから、引き続い

ての不作になやんだ難民は、集って暴動《ぼうどう》を起し始めた。

この知らせを受けると、九十老は、村内の小作人を集めて深く暴挙をいましめ、もししいて、かの暴民に加わろうとするなら、まずこの岩谷家をこわしてから行けといった。けれども、だれ一人として、ことばをかえす者はない。村の人たちにわる気のないことを知った九十老は、当時郷人が生神として仰ぐ石見国の一の宮、物部《もののべ》神社の神職といっしょに暴民の群を待ち受けて、その前に立ちふさがった。九十老は、神職にさとさせたのち、声をはげまして、

「今日のところは、私たち二人にまかせてもらいたい。それとも、きみたちが暴挙を続けるなら、たとえ、きみたちの槍先《やりさき》にかかっても、私たちは、ここを動かない。二人を殺すか、その竹槍を捨てるか、二つに一つの返答をせよ」

と、大声で叫んだ。

この気勢にのまれた暴民たちは、にわかに、しりごみし始めた。

「一の宮の生神様と米安大明神に出られては、おまかせするよりほかはない」

だれいうとなく、こう返事をした。

こうした救済の反面に、九十老は、一日も勤倹と貯蓄《ちょちく》を怠ったことがなかった。ほとんど毎年不作凶変《きょうへん》にであった九十老は、少しのひまもむだにせず働いただけでなく、遊んでいる者を見てはきびしくこれをいましめ、金のない者には金を与え、職のない者には職を授けて、そのための出費《しゅっぴ》とわずらわしさを少しもいとわなかった。しかも、自分自身は非常《ひじょう》な倹約家であった。九十老は、筆まめであり、ことに和歌をつくるのがたくみであったが、原稿《げんこう》は、すべて帳面の余白または、ほごの裏にしたためた。

「紙を粗末にする者は、身代をたもつことができない」

と、九十老は、つねに人をいましめていた。美衣《びい》美食をさけたことは、いうまでもない。

「それ財《ざい》を積まんと欲《ほっ》せば、必《かなら》ず貧《ひん》を守れ。貧を守れば、よく倹約を行うを得、必ず富を致すを得べし。富を致すは、微《び》を積み、大に至るを要とす」

とは、九十老がその子に教えたことばであった。

十一　松阪の一夜

本居宣長《もとおりのりなが》は、伊勢《いせ》の国松阪の人である。若いころから読書がすきで、将来学問を以て身を立てたいと、一心に勉強していた。

ある夏のなかば、宣長がかねて買いつけの古本屋へ行くと、主人はあいそうよく迎えて、

「どうも残念なことでした。あなたが、よくおあいになりたいといわれていた江戸の賀茂真淵《かもまぶち》先生が、先ほどお見えになりました」

という。思いがけないことばに宣長は驚いて、

「先生が、どうしてこちらへ」

「なんでも、山城・大和《やまと》方面の御旅行がすんで、これから参宮をなさるのだそうです。あの新上屋《しんじょうや》におとまりになって、さっきお出かけの途中『何かめずらしい本はないか』と、お寄りくださいました」

「それは惜しいことをした。どうかしてお目にかかりたいものだが」

「あとを追っておいでになったら、たいてい追いつけましょう」

宣長は、大急ぎで真淵のようすを聞き取ってあとを追ったが、松阪の町のはずれまで行っても、それらしい人は見えない。次の宿《しゅく》の先まで行ってみたが、やはり追いつけなかった。宣長

は力を落して、すごすごともどって来た。そうして新上屋の主人に万一お帰りにまたとまられることがあったら、すぐ知らせてもらいたいと頼んでおいた。

望みがかなって、宣長が真淵を新上屋の一室にたずねることができたのは、それから数日ののちであった。二人は、ほの暗い行燈《あんどん》のもとで対面した。真淵はもう七十歳に近く、いろいろりっぱな著書《ちょしょ》もあって、天下に聞えた老大家。宣長はまだ三十歳余りで、温和な人となりのうちに、どことなく才気のひらめいている少壮の学者《がくしゃ》。年こそ違え、二人は同じ学問の道をたどっているのである。

だんだん話をしているうちに、真淵は宣長の学識《がくしき》の尋常《じんじょう》でないことを知って、非常《ひじょう》にたのもしく思った。話が古事記のことにおよぶと、宣長は、

「私は、かねがね古事記を研究したいと思っております。それについて、何か御注意くださることはございますまいか」

「それは、よいところにお気づきでした。私も、実は早くから古事記を研究したい考えはあったのですが、それには万葉集《まんようしゅう》を調べておくことが大切だと思って、その方の研究に取りかかったのです。ところが、いつのまにか年を取ってしまって、古事記に手をのばすことができなくなりました。あなたは、まだお若いから、しっかり努力なさったら、きっとこの研究を大成することができましょう。ただ、注意しなければならないのは、順序《じゅんじょ》正しく進むということです。

これは、学問の研究には特に必要ですから、まず土台を作って、それから一歩一歩高くのぼり、最後の目的《もくてき》に達するようになさい」

夏の夜は、ふけやすい。家々の戸は、もう皆とざされている。老学者の言に深く感動した宣長は、未来の希望に胸をおどらせながら、ひっそりした町筋をわが家へ向かった。

そののち、宣長は絶えず文通して真淵の教えを受け、師弟の関係は日一日と親密《しんみつ》の度を加えたが、面会の機会は松阪の一夜以後とうとう来なかった。

宣長は真淵の志を受けつぎ、三十五年の間努力に努力を続けて、ついに古事記の研究を大成した。有名な古事記伝という大著述《だいちょじゅつ》は、この研究の結果《けっか》で、わが国の学問の上に不滅の光を放っている。

十二　納税

わが国を防衛して、その存立《そんりつ》をまっとうするには、陸海軍のそなえがなくてはなりません。国民の教育を進め国運発展《はってん》のもといを固くするには、学校のもうけがなければなりません。そのほか公共の安寧《あんねい》・秩序《ちつじょ》をたもち、通信・交通を便《べん》にし、産業の発達をはかるなど、国民共同の福利《ふくり》を増すために、国でしなければならないことがらが、たくさんあります。したがって、国がこれらの仕事をするためには、たくさんの費用《ひよう》がいるのであります。

私たちは、国民としてこれらの費用を分担《ぶんたん》するのが当然です。そのためには、租税を納《おさ》めなければなりません。もし国民が租税を納めなければ、公共の事業に必要な費用の出しどころがありません。したがって、国民の幸福《こうふく》を進め、国をさかんにすることの望めないのはいうまでもなく、国の存立さえも危くなって来ます。

税は、国の存立する力となるものであります。私たちは、納税が兵役とともに国民の大切な義務であることをよく心得て、国を愛するのまごころから、進んでこれを納めるようにしたいものです。もし納税に関する申告《しんこく》を怠ったり、期限《きげん》におくれて督促《とくそく》を受けたりするようなことがあると、無益《むえき》に公《おおやけ》の手数をかけます。まして申告をいつわったり、期限におくれて滞納処分《たいのうしょぶん》を受けたりするようなことは、自分の恥であるばかりでなく、国運発展のさまたげになるのであります。
私たちは皇国に生まれたものとして、りっぱにこの国民のつとめを果さなければなりません。

十三　ダバオ開拓《かいたく》の父

明治三十六年、二百五十人ばかりの一団を先頭に、日本人渡航者《とこうしゃ》が相ついで、フィリピンへ向かった。

フィリピンの首都《しゅと》、マニラからおよそ三百キロ北の高い山の中に、バギオという町を新しく建設《けんせつ》するため、その手始めとして、けわしい山坂を切りひらき、三十五キロという長い道路をつくろうとしたのである。

岩が落ちて来て、人がけがをする。できかかった道は、すぐにくずれる。そのため、フィリピン人も、アメリカ人も、支那人も、これまで果すことのできなかった難事業を、今はしとげてみせようというのである。

日本人は、しんぼう強くて、よく働いた。けれども、やっぱりこの仕事はなまやさしいことではない。何人も病気になったり、けが人もたくさんできた。その上、日本人がいちばん困ったのは、急に食物が変ったことである。このまま仕事を続けていたのでは、みんな病気になってしまうかも知れない。

このようすを知って、義侠心《ぎきょうしん》を起したのは、マニラの町に住んでいた太田恭三郎《おおたきょうさぶろう》であった。恭三郎は、早く明治三十四年からマニラへ渡って、そこで日本雑貨の輸入業《ゆにゅうぎょう》をいとなんでいた。渡航した時は、まだ二十六の若者であったのである。

恭三郎は日本人渡航者たちの苦しみを見ては、じっとしていられず、フィリピン政府《せいふ》に相談して、これをすくう工夫をするとともに、自分でりょうしからいわしを買い求めて送ることにした。続いて梅干やたくあんづけなどをたくさんに送り届けた。

このことを聞いた日本人たちは、

「太田さんは、えらい人だ。太田さんは、ありがたい人だ」

と、心から感謝して元気づき、一生けんめいに働いたので、まもなくフィリピンの島に、ベンゲット道路というりっぱな道路が、日本人の力でできあがったのである。

ところが、今度はその日本人たちに、仕事のなくなる時が来た。早くもこのようすを見た恭三郎は、またしてもこれをすくってやろうと思い立ち、

「ダバオこそ日本人の新しく働くところだ」

こう考えて、行末を心配する日本人たちをはげましながら、まず百八十人だけをダバオに送

り、マニラ麻《あさ》を作らせることにした。

そのころ、ダバオは非常《ひじょう》にさびしいところであった。恭三郎は、まだ二十九歳にしかなっていない。

三十八年には、二度ほど日本人をベンゲットからダバオへ送ったが、二度めの時には、自分もいっしょになってミンダナオ島のダバオに移り住むことにした。そうして、いままでの輸入業をやめて、太田興業という新しい会社をつくり、広大《こうだい》な畠に麻を栽培《さいばい》し始めたのである。

「日本人にマニラ麻がうまく作れるものか」

と、ばかにしていたアメリカ人やスペイン人をしり目にかけて恭三郎の会社はだんだん大きくなって行った。それだけでなく、腕のある日本人たちは、引っぱりだこで、みんなに麻の作り方を教えるようにさえなった。

「ありがたい。これで日本人は、ダバオにおちつくことができる」

恭三郎は、心から喜んだのである。恭三郎の一生の望みは、どうしたら日本人が、海外でよくさかえることができるか、ということであった。この望みに向かって、いつも全力をつくした。

ダバオにおちついてのちも、せっかく苦心《くしん》した麻が暴風《ぼうふう》のため一夜で倒されてしまったことがある。その時恭三郎は、

「こんなことで、負けてなるものか」
と、おおしい気持をふるい起して、日本人たちをはげましながら、一生けんめいになって復旧につとめた。また、かんばつの時に困らないよう、畠に水を引く大きな工事を始めたり、いつも先々のことを考えながら、こまかく気をつかって、仕事をした。

恭三郎は日本人のために学校をつくったり、慰安《いあん》の設備をしたりした。その上、フィリピン人も日本人にならって、しあわせになるようにという大きな心から、病院を建てたり、道を開いたり、港をつくったりした。大東亜戦争になって、フィリピンの島々から、アメリカ人を追い払うことのできる前、すでに恭三郎は、ダバオ開拓の父と仰がれる大きな事業をなしとげたのである。

ダバオのミンタルというところ、フィリピン群島第一の高峯《こうほう》アポを背にした緑深い山の上には、恭三郎のりっぱな記念碑《きねんひ》が立っている。

十四　大嘗祭《だいじょうさい》の御儀

穂を重そうにたれて、金色の波をうっていた稲の取り入れはもうすんで、十一月二十三日には、新嘗祭《にいなめさい》の日がまいります。

天皇陛下は、この日、今年の初穂《はつほ》を神々にお供えになって、御みずからも新穀《しんこく》をきこしめすのであります。

新嘗祭の御儀は、毎年行われるものでありますが、天皇御即位《ごそくい》のはじめの新嘗祭を、特に大嘗祭と申しております。

大嘗祭は、わが国でいちばん尊い、いちばん大切な御祭であります。御一代に御一度、神代そのままに、こうごうしいこの御祭をあそばされるのは、実にわが大日本が、神の国であるからであります。

皇祖天照大神は、高天原で五穀の種子を得られて、これを天《あめ》の狭田《さなた》、天《あめ》の長田《ながた》にお植えさせになり、やがてみのってから、大嘗殿できこしめされました。

皇孫瓊瓊杵尊《ににぎのみこと》の御降臨《ごこうりん》の時、

「吾《あ》が高天原に御《きこしめ》す斎庭《ゆにわ》の穂《いなほ》を以て、亦《また》吾が児《みこ》に御《まか》せまつる」

と仰せられ、この稲を以て御祖先をまつり、御みずからもきこしめし、万民にも与えるようにとおさとしになりました。このようなありがたい大御心にしたがって、御代御代の天皇は、この御祭をおごそかに行わせられたのであります。

大嘗祭の御儀には、まず悠紀《ゆき》・主基《すき》の二地方に分けて、新穀をたてまつる斎田《さいでん》をお定めになります。そうして、御祭は特に京都で行われるのであります。

今上陛下の大嘗祭は、昭和三年十一月十四日から十五日へかけて、行わせられました。

御儀式は、厳粛《げんしゅく》をきわめたもので、夕方から始りました。宵《よい》の御祭が行われることになると、古式による御質素な殿舎が、闇《やみ》につつまれ、ときどきもえあがる庭燎《ていりょう》の火に、黒木の柱と庭の上の敷砂とが、ほのかに闇の中に浮かび出ました。

陛下には、この時すでに、したしく祓《はら》い、みそぎ、鎮魂《たましずめ》の御行事を終えさせられ、御祭服もこうごうしく、神殿に玉歩《ぎょくほ》をお進めになったのであります。

まず、悠紀殿に渡御《とぎょ》あらせられて、御みずから、天照大神やほか

の神々をおまつりになり、白酒《しろき》・黒酒《くろき》を始めとして、斎田の新穀をお供えになり、御自身もまたきこしめされました。

この間稲舂歌《いねつきうた》・風俗歌《ふうぞくうた》などが、けだかく、ゆかしい調子でゆるやかに歌われ、こうごうしさは一段と加わりました。これこそ、実に大神と天皇とが御一体におなりあそばす御神事であって、わが大日本が神の国であることを明らかにするものと申さなければなりません。

宵の御祭が午後十一時過ぎにすみますと、今度は午前一時から、主基殿で、暁《あかつき》の御祭が始り、それが夜明け方まで続きました。

天も地もおのずから、森厳《しんげん》きわまりないうちに、陛下は秋のゆたかなみのりについて、御礼をお申しのべになり、更に、民草《たみくさ》のために、大神の御恵みをお願いになったのでありまして、大御心のほどがうかがわれて、まことにおそれ多いことでありました。

大嘗祭の終りには、国民すべてにこの大御心をたまわるおぼしめしで、重だった人々に酒饌《しゅせん》をおくだしになったのであります。

この日、帝国の臣民は、いずれも業を休み、おこないをつつしんで大御心を奉体し、一君万民の至誠をあらわしました。私たちは、この記念すべき日を思うて、神の国日本に生まれた喜びと信念とを新しくするものであります。

十五　高田屋嘉兵衛《かへえ》

高田屋嘉兵衛は淡路《あわじ》の人で、子どもの時から船乗りとなって人にやとわれていましたが、のち兵庫《ひょうご》へ出て回漕業《かいそうぎょう》を始めました。そうして、まだあまり人の行かなかった北海道へまでも出かけ、内地の米や塩を向こうの鮭《さけ》や昆布《こんぶ》などと交易《こうえき》して家業につとめたので、家がしだいにゆたかになりました。

そのころ、ロシア人がしきりに千島に入り込むらしいので、幕府《ばくふ》は警備の役人を出しました。更に、国後《くなしり》・択捉《えとろふ》への航路を開こうと思って、特に熟練《じゅくれん》した船長をつのりましたが、北の方の海は寒気もきびしく、波風もはげしくて危険《きけん》が多いので、だれ一人応ずる者がありません。嘉兵衛は深く決心して、進んでこの困難《こんなん》な仕事を引き受けました。

嘉兵衛は、まず国後島に渡りました。国後から択捉へ渡る海上はことに難所ですから、いろいろ苦心して潮流のようすを調べた結果《けっか》、まわり路をすれば安全であることを見きわめ、決心して船を出しました。しばらくすると、霧が深くなって行先も見えなくなり、その上初めての航路なので、水夫らはしきりに危険を気づかいましたが、嘉兵衛は自分の考えどおりに船を進めて、無事に択捉島へ着きました。そうして十分島内を視察《しさつ》して引き返し、この航路の安全であることを報告しました。

次の年にも、また幕府の命を受けて役人とと

もに択捉島へ渡り、ところどころに漁場を開いて土人に産業を授けました。

そののち、ロシア人が樺太・択捉に来て、掠奪《りゃくだつ》をした事件が起りました。そこで幕府の役人が警戒をしていると、たまたまロシアの軍艦が測量に来て、艦長ゴロブニンらが国後島に上陸したので、役人はこれを捕らえて函館《はこだて》へつれ去りました。軍艦に居残っていた副長リコルドは、いったん逃げ帰り、明くる年また国後島近海へ来て、艦長の安否をただすために、日本人を捕らえようと待ちかまえていました。そこへ嘉兵衛の船が通りかかったので、不意にこれをおそって嘉兵衛らを捕らえ、その軍艦につれて行きました。

艦上には、七十余名の兵士が、ものものしく着剣《ちゃっけん》した銃をたずさえ、ずらりと並んでいました。嘉兵衛は、平気でその前を通って、副長に面会しました。副長は、このようすを見て、ただ人ではないと思い、大切にもてなしました。

捕らわれの身となって、とうとうカムチャッカへまでもつれて行かれた嘉兵衛は、少しも気を落さず、この機会にわが国とロシアとの紛争《ふんそう》を解こうと思って、まず艦内の少年を相手にロシア語をまなび始めました。少し話ができるようになったころ、ある日、副長と語りあってみると、先にわが国に来て掠奪をしたのは、ロシアの暴民《ぼうみん》のしわざであって、ロシア政府の指図ではなかったことがわかりました。そこで嘉兵衛は副長に、幕府に弁解《べんかい》をして、わびるがよい、とすすめました。

副長は、たいそう喜び、嘉兵衛を送って国後島へ来ました。けれども、すぐには嘉兵衛を上陸させないで、まずその手下の水夫だけを上陸させ、ゴロブニンのことについて、幕府の役人からたしかな返事をもらって来るようにと命じました。そうして、三日のうちにその返事がなければ、嘉兵衛をまたつれ帰るぞと申し送りました。

嘉兵衛は、このうたがい深いやり方を大いにいきどおり、交渉《こうしょう》ももはやこれまでと考えました。そこで、手下の者が涙ながらに船を去るのを見送ると、きっとなって副長に、

「自分が今日まで恥をしのんで生きて来たのは、両国の紛争を平和に解決《かいけつ》しようと思ったためである。もし、仕返しをする気なら、いつでもできたのだ。無事に解決の見こみがつかないほどなら、なんでおめおめと、ふたたびつれて行かれるもの

か」

と、決死の覚悟をしめしました。副長は、その勢にのまれて、嘉兵衛をも続いて上陸させました。嘉兵衛は、国後島の役人と相談の上、副長とともに函館へ行き、ここでロシア人と幕府の役人との間に立って、事をまとめました。その結果、ロシアからは先の掠奪をあやまり、わが方からはゴロブニンらを返して、長い間もつれていた両国のあらそいも、やっと解決しました。

十六　日本刀

刀は武士の魂である。昔の武士は、片時もこれを身のまわりから、はなさなかった。今の軍人も、軍刀には皆これをもちいている。

日本刀の鋭利《えいり》なことは、今さらいうまでもない。源氏の重宝鬚切《ひげきり》の太刀は、首を打つと鬚まで切れたので、その名があり、波およぎ兼光《かねみつ》という刀は、切られた人がそのまましばらくおよいでから首が落ちたと伝えられている。そのほか、冑《かぶと》を切った話、鉄砲を切った刀、馬の平首を手綱《たづな》もろともに打ち落した話など、日本刀の鋭利を伝える伝説は、かぞえきれないほどであ

る。
　しかし、日本刀は、ただ切れるというばかりではなく、打ち合って折れず、曲らないところに、すぐれた点がある。どんなにするどい刀でも、きり合ってすぐに折れたり曲ったりするのでは、役にたたないから、昔から刀工の苦心は、おもにこの点にはらわれて、特別なきたえ方を発達させた。すなわち、日本刀は全体を同一の鉄でつくるのではなく、切るのに必要な堅さを持つきたえにきたえた鉄と、折れないための柔かみを与える鉄とを、重ね合わせてつくるのである。この違った二つの鉄の重ね方にはいろいろあるが、柔かい鉄を刀の中心にし、そのまわりを堅い鉄で包むのが普通《ふつう》のやり方である。
　こうしてつくられる日本刀は、よく切れて折れも曲りもしない上に、美しいということが、その特色をなしている。長さ・幅・厚さのつりあいの取れた形、気持よくぐっとはいった反《そり》、物打から切先へかけての軽やかな線、そうしたものにまず心が打たれる。しかも、しっとりとなめらかで底光りのする鉄の色、直刃《すぐは》・乱刃《みだれは》の刃文の美しさ、おかすことのできない気品に至っては、とてもことばでは、いいあらわせないところである。

刀工が刀をきたえる時には、仕事場を清浄《せいじょう》にし、しめなわを張り、神をまつり、精進潔斎《しょうじんけっさい》して、一つち一つち魂を打ち込むのである。もし、このさい、少しでも心にくもりがあれば、できた刀は、どんなによく切れても、名刀にはかぞえられない。

平和を愛し、美を喜ぶわが国民の優美な性情と、善《ぜん》にくみし邪《じゃ》をにくむ道義心とは、実によく日本刀に具現《ぐげん》されているのである。

十七　鉄眼《てつげん》の一切経《いっさいきょう》

一切経は、仏教《ぶっきょう》に関する書籍《しょせき》を集めた叢書《そうしょ》であって、仏教にこころざす人にとっては、この上なく貴重《きちょう》なものである。しかも、それは数千巻《かん》という大部なもので、これを出版《しゅっぱん》するのは、容易なことでなかった。したがって、以前は支那から来たものがごくわずかあるだけで、いくらほしくても、なかなか手に入れることができなかった。

今から二百数十年前、山城宇治《うじ》の黄檗山萬福寺《おうばくさんまんぷくじ》に、鉄眼という僧があった。ある時鉄眼は、自分の一生涯《しょうがい》の仕事として、この一切経の出版を思いたった。そうしてどんな困難《こんなん》をしのんでも、かならず、このくわだてをなしとげようとかたく心に誓った。

鉄眼は、広く各地をめぐり歩いて資金をつのり、数年かかって、ようやくその資金をととのえることができた。鉄眼が、いよいよ出版に着手しようとした時である。大阪地方に出水が起った。たくさんの死傷者ができ、家産を流失《りゅうしつ》して路頭に迷う者は、かぞえきれないほどであった。まのあたりに、このあわれなありさまを見て、鉄眼はじっとしていることができなかった。

「自分が、一切経の出版を思いたったのは、仏教をさかんにしようとしてのことである。仏教をさかんにしようとすることは、つまり人をすくおうとするためである。喜捨《きしゃ》を受けたこの金を一切経のためについやすのも、うえた人々の救助にもちいるのも、帰《き》するところは同じである。一切経を世にひろめるのは、もちろん大切である。けれども、人の死をすくうのは、もっと大切である」

　こう思った鉄眼は、喜捨してくれた人々の同意を得た上で、出版の資金全部を救助《きゅうじょ》の費用《ひよう》にあてたのであった。

　苦心《くしん》に苦心を重ねて集めた出版費はすっかりなくなった。しかし、鉄眼は少しも気にかけず、また募集《ぼしゅう》に着手した。それから更に数年、努力はむくいられて、いよいよ志を果すことのできる日が近づいた。

　ところで、今度は近畿《きんき》地方一帯に大飢饉《ききん》があって、人々の苦しみは、この前の洪水《こうずい》どころではなかった。幕府《ばくふ》は、たくさんのすくい小屋をつくって、救助にあたったが、人々の難儀は、日ましにつのって行くばかりであった。鉄眼は、ふたたび救済《きゅうさい》を決意した。こうして、鉄眼は二度資金を集めて、二度それを散《さん》じてしまった。しかも、鉄眼は第三回の募集に着手した。かれの深い慈悲心《じひしん》と、あくまで一念をひるがえさない熱意とが、世間の人々の心を動かさないではおかなかった。

われもわれもと多くの人々が、進んで寄附に応じた。資金は、意外に早く集り、製版・印刷《いんさつ》のわざは、着々として進んだ。鉄眼が、この大事業を思いたって以来十七年、天和《てんな》元年に至って、一切経六千九百五十六巻の大出版は、ついに完成された。これが、世に鉄眼版と称《しょう》されるもので、一切経が広く日本に行われるようになったのは、実にこれ以来のことである。

この版木は、今も萬福寺に保存され、三棟《むね》の倉庫《そうこ》にぎっしりつまっている。

「鉄眼は、一生に三度、一切経を出版した」

これは、のちに福田行誡《ぎょうかい》という人が、鉄眼の事業を感歎《かんたん》していったことばである。

十八　帝国憲法

帝国憲法は、天皇が大日本をおすべになるための国のさだめであって、最も大切なものであります。明治天皇は、皇祖皇宗の御遺訓にもとづき、皇国の隆昌《りゅうしょう》と臣民の慶福《けいふく》とをお望みになる大御心から、この憲法をお定めになり、明治二十二年の紀元節《きげんせつ》の日に御発布《ごはっぷ》になりました。この時、臣民こぞって御仁徳《ごにんとく》のほどを仰ぎたてまつり、上下の喜びは、国にみちあふれました。

憲法は、万世一系《ばんせいいっけい》の天皇が大日本帝国をおすべになることを明らかにし、昔から変らないわが国体の大本をしめしています。また、臣民に国家の政治に加わる権利《けんり》を与え、法律によって、臣民の身体・財産などを守り、臣民は兵役・納税の義務を負うことをきめています。

そうして、天皇がわが国をおすべになるのに、まつりごとについては国務大臣をお置きになって、輔弼《ほひつ》をおさせになり、法律や予算《よさん》は帝国議会《ぎかい》の協賛《きょうさん》をえておきめになり、裁判は裁判所におさせになることになっています。

帝国議会は貴族院《きぞくいん》と衆議院《しゅうぎいん》とからできて、毎年召集されます。貴族院は皇族・華族《かぞく》の議員や勅任《ちょくにん》された議員でつくられ、衆議院は選挙権をもつ国民が公選した議員でつくられています。

私たちは、帝国議会の議員を選挙し、あるいはその議員になって、国の政治に加わることができるのであります。議員を選挙するには、候補者《こうほしゃ》の中から、おこないがりっぱであり、しっ

かりした考えをもっている人をえらんで投票《とうひょう》しなければなりません。自分だけの利益《りえき》を考えて投票し、または他人にしいられて、適当と思わない人に投票することがあってはなりません。なお理由もないのに大切な選挙権をすてて投票しないのは、尽忠報国《じんちゅうほうこく》の精神にもとることになります。

憲法といっしょにお定めになった皇室典範《てんぱん》には、皇位継承《けいしょう》・践祚《せんそ》・即位《そくい》など皇室に関する大切なことがしめしてあります。

私たち帝国の臣民は、つねに皇室典範および帝国憲法を尊び、これをよく守って、天皇の大みわざを翼賛《よくさん》したてまつらなければならないのであります。

十九　戦勝祝賀《しゅくが》の日

難攻不落《ふらく》をほこっていたのも、きのうの夢と消えて、皇軍は、昭和十七年二月八日、ジョホール水道を突破《とっぱ》し、大激戦ののち、十五日には、敵将以下七万の大軍を無条件で降伏《こうふく》させました。シンガポール要塞《ようさい》は、みごとに陥落《かんらく》したのであります。

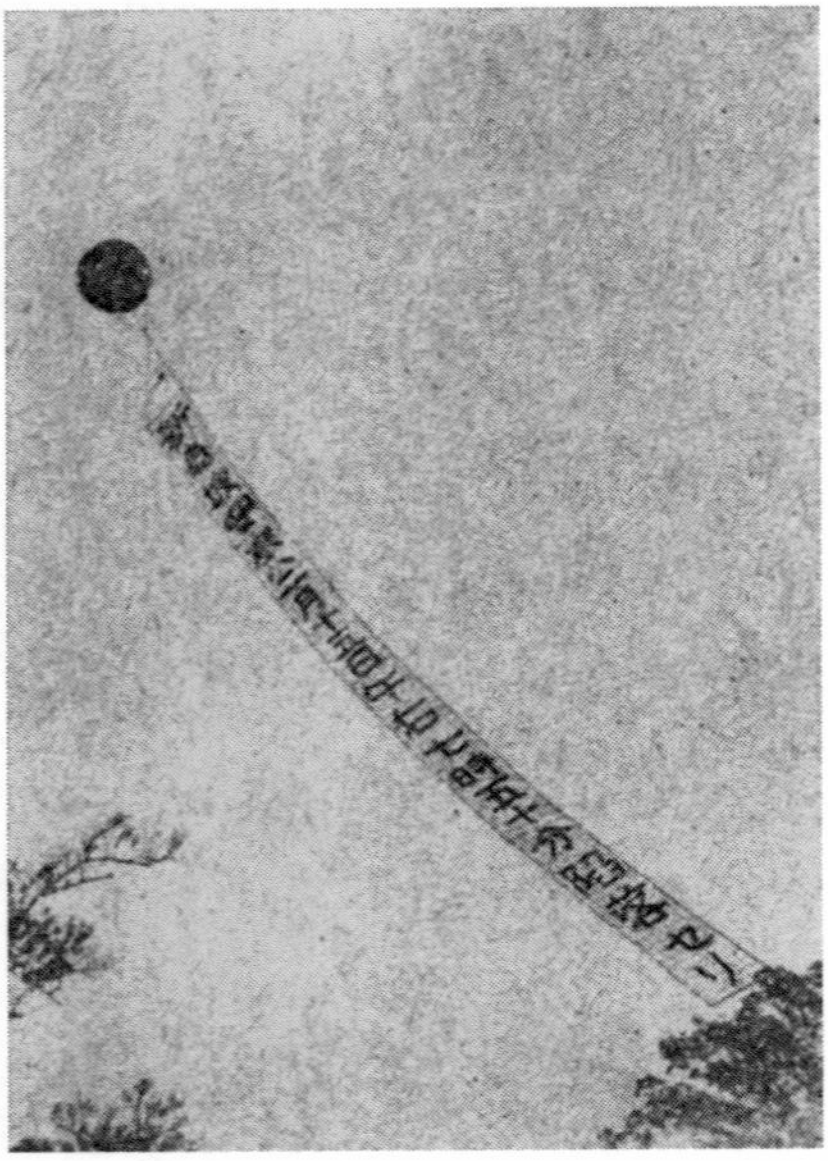

太平洋とインド洋をつなぐ関門として、大東亜海の守りを固め、昭南島が新しく生まれました。ここは、今やわが大日本が皇道を明らかにする政治上、軍事上、また経済《けいざい》上のきわめて大切な拠点となったのであります。爆撃機の轟音《ごうおん》もまったく絶えて、マライ人も、インド人も、支那人も、ほがらかに大東亜の建設《けんせつ》のために働いています。

この昭南島の誕生《たんじょう》をことほぐ祝賀の日のことでありました。二月十八日、早春の日ざしを受けた二重橋の上、深緑《しんりょく》の中に、清らかな御乗馬「白雪」の姿が、くっきりと浮かびあがりました。

宮城前広場に、あとから、あとからと続いて、どよめいていた歓呼の声が、はたと消えて、水をうったようにしずまりかえります。この時、十数万の民草《たみくさ》は、みんな同じように、急にまなこを見はりました。

大元帥陛下には、馬上御ゆたかに、今しずしずと側近《そっきん》のかたがたをおしたがえになって、出御《しゅつぎょ》あらせられます。そうして橋の上で御馬首《おんばしゅ》を広場の赤子《せきし》へお向けになりました。御稜威《みいつ》さんとしてかがやく大元帥陛下は、今ここにあらせられる。たとえようのない感動に、胸はひきしまり、思わずこうべが低くたれます。

ああ、この時、指揮者《しきしゃ》はいなくても心は一つ。おのずから、宝祚《ほうそ》の無窮《むきゅう》を祈る万歳の奉唱がわき起りました。広場に寄せてはかえす赤子の波。その波は、かえすまもなく、まごころこめてうち続きます。

天皇陛下万歳。万歳。

しばらくしずまりかえったかと思うまに、この声がおごそかな「君が代」の奉唱にかわりました。「君が代」の大きな斉唱《せいしょう》は、だんだんと高まり、熱をおびて来ました。そうして広場全体、

老《お》いも若きも、男も女も、感涙《かんるい》にむせんだのであります。制服の生徒も、産業戦士もひざまずいています。玉砂利《たまじゃり》にひざまずきながら、幼い愛児《あいじ》とともに拝んでいる母親もあります。

この「君が代」を奉唱する熱誠な民草に、おそれ多いことながら、二度三度、白い御手袋もはっきりと、御挙手の礼をたまわりました。やがて、陛下には、しずしずと御馬首をおめぐらしになって、入御《にゅうぎょ》あらせられました。

しかも、広場の人たちの歓呼の声がなりやまないうち、皇后陛下、皇太子殿下、照宮《てるのみや》、孝宮《たかのみや》、順宮《よりのみや》三内親王殿下《ないしんのうでんか》は、おそろいで、橋上におでましになったのであります。

皇后陛下の御手にも、皇太子殿下の御手にも、あざやかに日の丸の旗が拝されました。小旗は、ひらひらとして春浅い花かとも拝され、三内親王殿下もまた、御ともどもに広場のどよめきに相和せられて、力強く国旗を御うち振りあそばされたのでありました。

大東亜に新しい夜明けの光がさしたこのよい日、わが皇室の、喜びを民草とともにおわかちになったありがたさ、かたじけなさ。広場に拝した民草の感激はいうまでもなく、私たちもまた、赤心奉公の忠誠を誓って、いつの世までもこの光栄の日を忘れることができないのであります。

二十　新しい世界

昭和十六年十二月八日、大東亜戦争の勃発《ぼっぱつ》以来、明かるい大きな希望がわき起って来ました。昭和の聖代に生まれて、今までの歴史にない大きな事業をなしとげるほこりが感じられて、たくましい力がもりあがったのであります。

わが日本と志を同じくするドイツ、イタリア両国もまた新しい欧洲《おうしゅう》をつくろうとして、地中海に、アフリカに、大西洋に、米英《えいべい》に対する戦をくりひろげ、またソ連《れん》とも戦っています。世界をわがものにしようという野心によってつくられた古い世界が、しだいにくずれ落ち始めたのであります。

こうして、私たちの目の前には、喜びにみちみちた希望の朝がおとずれました。いろいろの国家が、ともにさかえる正しい新しい世界は、やがて築きあげられるにちがいありません。

すでに満洲国は、かがやかしい発展《はってん》をとげました。国民政府《せいふ》もまた支那で、着々とその基礎《きそ》を固め、タイ国も、東部インド支那も、日本と親密《しんみつ》な関係を結び、相たずさえて、大東亜建設《けんせつ》のために、協力《きょうりょく》しています。

その上、わが戦果《せんか》にかがやく南方の諸地方は、新生の光にあふれ、マライや昭南島、ビルマやフィリピン、東インド諸島に響く建設の音が、耳もと近く聞えて来ます。大東亜十億《おく》の力強い進軍が始ったのであります。日本は、大きな胸を開いて、あらゆる東亜の住民《じゅうみん》へ、手をにぎりあうよう呼びかけています。日本人は、御稜威《みいつ》をかしこみ仰ぎ、世界にほんとうの平和をもたらそうとして、大東亜建設の先頭に立ち続けるのであります。

私たちは、ゆたかな資源を確保し、軍備を固めて、敵を圧迫《あっぱく》し、おおしい心がまえを以て、建設をなしとげなければなりません。この大事業のためには身をささげ、力をつくすことが、

だいじであります。私たちは、希望にみちあふれ、必勝の信念を以て、立ちあがらなければなりません。

身命をなげうって、皇国のために奮闘努力しようとするこのおおしさこそ、いちばん大切なものであります。

私たちは清く、明かるく、公明正大でなければなりません。男は、正しくたくましく、女は、すなおで強くあってこそ、日本の国はいよいよさかえて行くことができるのであります。

日々の心がまえが、そのまま大きくなっての心がまえとなります。このような心がまえで進む時、新しい世界は私たちの手でできあがるのであります。私たちこそ、という意気ごみを以てのぞむとき、大東亜の建設はみごとになしとげられ、正しい世界が開けて来ます。

今、はっきりと私たちの果さなければならない使命についてわきまえ、それを果すことのできる日本人となるようつとめましょう。

終

用語説明

現御神《あきつみかみ》　この世に人の姿をとって現れた神
いとう　嫌がって避ける
うまずたゆまず　飽きたり気を緩めたりせず
大《おお》**みわざ**　天皇がなさってこられたこと
おしいただく　うやうやしい態度で受け取る
おぼしめし　お考え
かしこきあたり　皇室や天皇のこと
きこしめす　召し上がる
喜捨《きしゃ》　寺社、僧や貧しい人に寄付すること
きまりがよい　きちんと整っていること
玉歩《ぎょくほ》　天皇がお歩きになること
経書《けいしょ》　儒教の経典
間《けん》　約一・八メートル
皇化《こうか》　天皇の高徳による感化
こうや　染物屋
ことほぐ　祝いの言葉を述べる
定《さだ》**めて**　きっと
佐幕派《さばくは》　幕府の政策を擁護する勢力
さめる　色が薄れる
柴折戸《しおりど》　木の枝や竹をそのまま使った開き戸
至誠《しせい》　極めて誠実なこと
酒饌《しゅせん》　酒と食べ物
出御《しゅつぎょ》　天皇がおでましになること
精進潔斎《しょうじんけっさい》　肉や酒を断ち、行いを慎んで身を清めること
従容死《しょうようし》　騒いだり焦ったりせずに死ぬこと
女丈夫《じょじょうぶ》　気が強くてしっかりした女性
しり目にかける　一瞥するだけで相手にしない

親謁《しんえつ》　天皇がみずから参拝されること
心事《しんじ》　心に思っていること
直刃《すぐは》　直線的な刃文
すべる　統率する
践祚《せんそ》　三種の神器を受け継ぐこと
宗家《そうけ》　中心になる家
総庄屋《そうしょうや》　十数カ村をまとめた村役人の最上位
たけく　勇ましく
たって　しいて
鎮魂《たましずめ》　魂を落ち着かせ鎮めること
民草《たみくさ》　民を草に例えた言葉
作り取り《つくりど》　年貢が免除され、全収穫を自分のものとすること
渡御《とぎょ》　天皇がおでましになること
徳目《とくもく》　時代や社会、宗教を超えた普遍的なもの
とこしえ　永久
入御《にゅうぎょ》　天皇・皇后・皇太后が内裏に入ること
はらから　同じ母親から生まれた兄弟姉妹
尋《ひろ》　約一・八メートル
幣帛《へいはく》　神に奉献する、神饌以外のものの総称
奉体《ほうたい》　上からの意をよく心にとどめること
補弼《ほひつ》　天皇の権能行使に助言を与えること
ほご　書き損じた紙
御稜威《みいつ》　天皇の威光
乱刃《みだれは》　うねった刃文
無窮《むきゅう》　永遠
むつびあう　なれ親しみ合うこと
物打《ものうち》　刀で斬りつける時によく使う部分
遥拝《ようはい》　遠く離れた所から拝むこと
翼賛《よくさん》　天皇を補佐して政治を行うこと
よもの海《うみ》　四方の海
立太子の礼《りったいしれい》　皇太子になる儀式

日本における「修身」「道徳」教育史

矢作 直樹（医師・東京大学名誉教授）

現在ではなじみのない方がほとんどだと思いますが、「修身」とは戦前の道徳教育の根幹であり、今でいう小学生を対象に学校で教えられました。その役割は、子ども個人の本能を導いて道徳的知見・判断力・情操・意思を養い、そして集団社会において生き生きと道徳的な生活を全うできるようにすることです。

近代国家は、国民が生命と財産を国家により守られ、かわりに国民は国家に従う単位としての国家、国民国家（Nation-state）として存立してきました。そして、国力の原動力である国民の意識作りにとって「道徳教育＝徳育」は大きな役割を担いました。

しかし、一口に「修身」と言っても、明治維新から先の大戦敗戦までに、国内の伸展と世界情勢の変化により、その内容に大きな変遷があります。

掻い摘んで言うと、明治のはじめは「個人道徳」が重視されました。その後教科として制度化され、「忠孝」と「近代市民的道徳」が入ってきました。そして「教育勅語」が基軸となり、次第に天皇・国体への忠誠を尽くす「皇民としての道徳」から「国家主義道徳」を経て、本書にて「臨戦教育道徳」が採用されることになったのです。

これから、本書『[復刻版]初等科修身』の内容を理解していただく一助として、我が国における道徳教育の歴史と、その世界的背景について述べてまいります。

●国定教科書以前の修身教育の変遷

明治五年八月二日、「学制」が公布されました。そこでは、西洋的近代化の達成のために、それまでの儒教思想にもとづく伝統的な道徳よりも、近代西洋の知育を優先することが求められました。そのため、道徳課目「修身科」は教科の中では六番目に挙げられ、『泰西勧善訓蒙《たいせいかんぜんくんもう》』、『修身論』、『童蒙教草《どうもうおしえぐさ》』などの翻訳教科書を用いて行われ始めました。ところが、士族の反乱や自由民権運動による政治的緊張の高まりから、政府のこのような欧米化政策への反発があり、儒学者たちの反論が勢いを得ました。

明治天皇は、性急な欧米化政策に危惧を抱かれ、明治十二年六月末、儒学者の元田永孚《もとだながざね》に「教学聖旨《きょうがくせいし》」を起草させました。そして内務卿・伊藤博文に意見を求められ、伊藤は「教育議」を上奏しました。天皇は、この「教育議」を元田に示されたところ、元田は「教育議」では聖旨に添っていないと反論しました。九月十一日、天皇は文部卿・寺島宗則に教育方針として「教学聖旨」、「教育議」、元老院上奏の「教育令草案」を授けられました。

明治十二年九月二十九日、「学制」に代わって「教育令」が公布され、「小・中・大・師範・専門・その他」の学校別に分け、特に初等教育の環境を整えることとなりました。ところが、教育の権限を大幅に地方の自由に委ねたところ、教育の廃頽《はいたい》をきたしてしまいました。そこで「教学聖旨」の理念に基づいて、翌年十二月二十八日、「教育令改正」が発布され、修身が教科の冒頭におかれ（第三条）、知育から徳育へ転換され、『小学修身訓』（文部省編輯局《へんしゅうきょく》）をはじめ儒教的教科書を用いる時代に入りました。

明治十五年十二月二日、当初より徳育と知育のバランスに御心を砕いておられた天皇は、まず学童たちへの道徳教育の大本として、「幼学綱要」を宮内省より頒布されました。

この頃、政府の方針が円滑に受け入れられたわけではなく、世では徳育論争が盛んになりました。儒教的道徳に基づく伝統思想、あるいは西洋的な近代市民倫理を重視するかでさまざまな意見が交わされ、収束をみませんでした。

なお、明治十九年の学制改革と同時に、国民教育の基礎水準を維持するために教科書の検定制度ができました。

天皇は、「幼学綱要」に次いで、明治二十三年十月三十日、広く国民に向けて語り掛けるというかたちで「教育勅語」を渙発《かんぱつ》されました。そこには、日本人が祖先から受け継いできた豊かな感性と伝統的道徳観が込められており、人が生きてゆく上で心がけるべき徳目が、十二の徳目に分けられて簡潔に述べられております。一般国民の受け止め方としては、ごく常識的かつ通俗的な道徳だったといわれています。

明治二十四年十一月十七日、「小学校教則大綱」が公布され、第二条「修身ハ教育ニ関スル勅語ノ旨趣《ししゅ》ニ基キ児童ノ良心ヲ啓培《けいばい》シテ其徳性ヲ涵養《かんよう》シ人道実践ノ方法ヲ授クルヲ以テ要旨トス」、すなわち修身を「教育勅語」の趣旨に基づいて行うと明確に示され、以後、敗戦までこの方針が堅持されました。

明治二十年代初頭より、修身教科書の国定化の議論があり、明治三十三年四月には、文部省も国定修身教科書の編集に取り掛かりました。そして、明治三十七年四月、初めて文部省発行の『国定修身教科書』が使用されだし、全国統一的な教育が行われることとなりました。

この国定教科書制度が戦後GHQにより停止されるまで、社会の進展に応える内容の充実向上と、忠孝の倫理に基づく国民思想の統一をはかるために、教科書は四回改訂されました。

●国定教科書の変遷

第一期：明治三十七（一九〇四）年～

『尋常小学修身書』（児童用は第二～四学年、教師用は第一～四学年）

『高等小学修身書』（児童用・教師用とも第一～四学年）※なお三、四学年用は『尋常小学修身書』および『高等小学修身書』の一～二学年までの六か年の内容をまとめ直したもの

はじめに徳目を掲げ（徳目主義）、次いでその徳目を理解させるための例話や寓話をおく（人物主義）という構成でした。一言で言えば、物語集です。以後の、国定教科書もみなこのかたちをとっています。

尋常小学用は口語体、高等小学用は文語体で書かれています。それまでの検定教科書に比べて近代的社会倫理が重視されており、外国人への友好的態度や日本人としての品位についても説かれています。尋常小学校四年間と高等小学校二年間の六年合計百六十三課で、個人道徳と人間関係が大半です。

第二期：明治四十三（一九一〇）年～

『尋常小学修身書』（第一学年～六学年）

『高等小学修身書』（第一学年〜二学年）

日露戦争の勝利により列強と肩を並べたと国民は慢心し、私生活では奢侈《しゃし》に傾き、一方、地方では地主と小作の関係の悪化や労働争議により疲弊も目立ち始めました。こうした状態を憂慮された明治天皇は、明治四十一年十月十三日、国民への戒めとして、「戊申詔書《ぼしんしょうしょ》」を発布され、国民の勤勉・質素倹約を説かれました。なお、明治天皇御自身はたいへんな勤倹家でした。明治神宮内の宝物殿*に明治天皇が日常で使われた机、文房具、靴などが展示されていましたが、どれも使い古されたもので、机は擦れ、鉛筆は短くちびており、また靴などは擦り切れて穴があきそうでした。

明治四十年の小学校令の改正により、尋常小学校が四年から六年になり、高等小学校の第一、二学年が尋常小学校の第五、六学年に改められました。

今改訂の特徴は、第一期教科書に対する様々な批判を踏まえ、加えて日清・日露戦争後、列強の中で近代化、後進国日本が伍していくために台頭してきた国家主義を反映した結果、人物主義中心で、家族的国家倫理を重視した国民道徳を強化した内容になりました。

また高学年用の三つの巻に初めて教育勅語が取り入れられました。六年合計百五十七課です。そして日露戦争の記述が盛り込まれたのも特色です。

＊東日本大震災後に修復され、令和元年十月に「明治神宮ミュージアム」として開館された。

第三期：大正七（一九一八）年〜
『尋常小学修身書』（第一学年〜六学年）
『高等小学修身書』（第一学年〜二学年）

第一次世界大戦後、世間では自由・国際協調を謳歌する風潮や社会主義運動が活発化しました。これに対し、国体を重視する国民思想の主張も強くなりました。このような時世に対して、関東大震災後の大正十二年十一月十日、摂政宮《せっしょうのみや》（のちの昭和天皇）は大正天皇の名で「国民精神作興ニ関スル詔書」を発布され、社会的な混乱の鎮静を図られました。

今回の改訂では、第二期の教科書を改めて最初の教科書に戻した面があります。しかし、時代の推移に即して新しい公民的・社会的な題材が加えられ、国際協調の性格が明確に打ち出されました。また、立場にかかわらず社会人として生きる上での勤労の大切さが説かれています。

また、五年生用の巻五の第一課の表題がそれまでの「大日本帝国」から、今改訂で「我が国」に変わっています。我が国の国号表記は、学年により巻一、二では登場せず、巻三、四で「我が国」、巻五、六では「我が大日本帝国」となっています。六年合計で百五十九課です。

第四期：昭和九（一九三四）年から十四（一九三九）年にかけて改訂〜
『尋常小学修身書』（巻一：昭和十一年十月、巻二：昭和九年十一月、巻三昭和十四年一月、巻四

昭和十二年二月、巻五：昭和十三年三月、巻六：昭和十五年一月発行）

『高等小学修身書』（第一学年～二学年）

昭和六年九月に満洲事変が勃発し、翌年八月、皇国教学指導の強化と、外来思想特に共産主義思想への対策として「国民精神文化研究所」が設置されました。さらに、昭和十年に入り、美濃部達吉の天皇機関説に対して政友会・軍部が政府に圧力をかけ、二度にわたり「国体明《めい》徴《ちょう》声明」（機関説は国体の本義に反する）が出されました。なお、昭和天皇御自身は、機関説で国体との関係は差し支えないではないか、とのお考えでした。同年十一月、学校に対する国家統制を強化するために「教学刷新評議会」ができました。

昭和十二年三月、文部省は『国体の本義』を刊行し、「我が国は、万世一系の天皇が皇祖の神勅を奉じて統べる」という日本の国体（国柄）について述べました。この書は、総力戦に向けて国民を総動員するための推進力になりました。同年七月、日華事変が勃発し、やがて政府により「国民精神総動員運動（国家のために自己を犠牲にして尽くす国民の精神［滅私奉公］を推進した運動）」がはじめられました。

昭和十四年五月二十二日、天皇は、青少年学徒の代表者に御親閲を賜り、式後に荒木貞夫文部大臣を通じて「青少年学徒に賜りたる勅語」を授けられました。

このように風雲急を告げる情勢を受けて、よき臣民として忠君愛国の心得を説くよう編修されていきました。六年合計で百六十二課です。

第五期：昭和十六（一九四一）年～
『ヨイコドモ』（上・下）
『初等科修身』（一～四）※本書の底本
『高等科修身』（男子用・女子用）

尋常小学校が国民学校に改称され、個人・家庭が国に融合し、一致団結して大戦に立ち向かう皇民の自覚を促しました。内容は、「●本書の概観」で述べます。

●我が国が先の大戦に引き込まれることになった背景

近代以後の我が国の歩みを捉えるには、自国を内向きに見るだけでなく、列強の動かす世界を鳥瞰的に見ることが大切です。

明治初頭、一八七〇年代からはじまった帝国主義時代の最中、やがて東洋の黄色人種が自分たちに禍《わざわい》をもたらすという「黄禍論」が流布しだしました。それは黄色人種の人々がやがて労働者として列強に入り込んで仕事を奪い、列強の市場を侵し、そして黄色人種の国々が解放されて独立し、彼らにとってかわるのではないかという不安から生み出されたものです。ドイツ帝国皇帝ウィルヘルム二世は、一枚の象徴的な絵を描いて、この「黄禍論」を列強の元首たちに吹聴しました。これにより、ロシアのニコライ二世は極東へ伸張しました。

一八九七年、米国海軍次官に就任したセオドア・ルーズベルトはきたるアジア大陸への進出時に邪魔になる日本を打ち破るために、海軍に「オレンジ計画」の立案を開始させました。後には陸軍も参加しました。

一方、当時世界最強国であった英国は、自分たちが蚕食《さんしょく》している清国に北から侵入を企てていたロシアへの牽制のために、一九〇二年、日清戦争に勝って世界の列強を瞠目《どうもく》させた日本と日英同盟という強力な二国間同盟を締結しました。この同盟は、日本を打ち破ることを目論んでいた米国にとっては邪魔になりました。

一九〇五年、満洲に進出したロシアと戦って辛勝した日本に対して、ロシア人たちは強い復讐心を抱きました。また講和条約を仲介した米国も、日本に持ちかけた満洲の共同経営案を断わられ日本打倒の意を強くしました。

一九一四年、日本は日英同盟により英国の要請を受けて第一次世界大戦に参戦しました。この戦争では世界を舞台に一九〇〇万人もの戦死者・行方不明者を出すという未曽有の惨禍を生んだことから、列強が集って戦後体制を組み直していきました。しかし、一九一九年パリ講和会議で日本が提案した「人種的差別撤廃提案」は採択されませんでした。一方、英国に代わって覇権を得た米国は巧みに英国に働きかけました。そして、一九二一年にワシントン会議で、主催国・米国の主導により日米英仏間での四カ国条約の調印と日英同盟の廃棄が決定されました。一九二三年八月十七日、四カ国条約が発効し、日英同盟が失効しました。これにより、日本は強国・英国との同盟を失い、米国の思う壺にはまりました。

なお、一九一四年の時点で米国の「オレンジ計画」の骨子（戦略レベルまで）は完成しており、後の日米戦で実行されました。一九二四年五月には、米国で「排日移民法」が成立しています。これに対して日本国内でも反米感情が沸騰しました。

本書では、世界に本当の平和をもたらすため、大東亜建設の先頭に立つことを夢見て子どもたちに奮闘努力を促す記述が随所にみられます。当時の日本政府は、上記のような流れを知る由もなく、周りを強国に囲まれて第一次世界大戦で打ちのめされた分の悪いドイツと、お互い帝国主義後進国という誼《よしみ》で同盟を結んでしまいました。しかし、列強からみれば遅れてきた黄色人種の帝国主義国・日本を用意周到に戦争に引き込み、完膚なきまでに破壊することになります。

結末を知っている私たちには違和感があるかもしれませんが、まずは先入観を捨てて、必死になって未曽有の危機的時局を乗り切ろうとした当時の人の気持ちになって読みたいものです。

●本書の概観

昭和十六年四月一日、小学校令を改正して「国民学校令」が施行され、国民学校が発足しました。大戦間近という非常事態の時局下、国民が一致団結して国力を発揮する必要から、我が国独自の教育体制を確立するために基礎教育の拡充整備をして面目を一新する趣旨で断行されました。

国民学校の目的は、国民学校令第一条の「国民学校ハ皇国ノ道ニ則リテ初等普通教育ヲ施シ国民ノ基礎的錬成ヲ為スヲ以テ目的トス」に要約されています。つまり、「教育の全般にわたって皇国の道を修錬」させることです（文科省ウェブサイトより）。なお、皇国の道とは、教育勅語の「国体の精華と臣民の守るべき道」、すなわち天皇を要として国民全体が一家族として心をひとつにして天皇の大御心を奉体し、忠孝の美徳を発揮していくことです。

本書の底本『初等科修身 一～四』は、第五期つまり最後の国定修身教科書の一部です。対象は、大戦下の国民学校初等科三年から六年までです。初等科一、二年生は、『ヨイコドモ 上・下』を用いました。なお、発行は、『ヨイコドモ 上』が昭和十六年一月、『ヨイコドモ 下』が昭和十六年二月、『初等科修身 一』『初等科修身 二』が昭和十七年二月、『初等科修身 三』『初

等科修身 四』が昭和十八年一月です。

本書は、陸軍省軍務局長や海軍省教育局長らが文部省参与として編纂に強く関わったために、第四期までとは趣が異なり、新しい大東亜建設のために国民の奮闘努力を促す記述が登場しました。

昭和十六年十二月八日、大東亜戦争の勃発以来、明るい大きな希望がわき起こって来ました。……こうして、私たちの目の前には、喜びにみちみちた希望の朝がおとずれました。いろいろの国家が、ともにさかえる正しい新しい世界は、やがて築きあげられるにちがいありません。……日本人は御稜威をかしこみ仰ぎ、世界にほんとうの平和をもたらそうとして、大東亜建設の先頭に立ち続けるのであります。……身命をなげうって皇国のために奮闘努力しようとするこのおおしさこそ、いちばん大切なものであります。……このような心がまえで進む時、新しい世界は私たちの手でできあがるのであります。

（本書　巻四　二十課「新しい世界」）

さて、本書を概観してまいります。

第三学年から第六学年の四年間をかけて系統的反復的に教育勅語の徳目を学ぶように編成さ

れています。実際には以下のような徳目に広げて、様々な偉人の物語を通してそれらの徳目を生きたかたちで学べるようにしています。子どもたちの想像力を膨らませる助けとして、全体を通じて、郷愁を誘う挿絵や印象的な写真がちりばめられています。

「勤勉・勤労」「孝行」「忠義・忠君」「公益」「誠実・正直」「勉学・学問・知識」「勇気」「規律・法令」「自立自営」「度量・寛大」「朋友」「倹約・勤倹」「徳行・徳器」「慈善」「兄弟」「謝恩」「忍耐」「沈着」「敬師」「興産」「祖先」「健康」「博愛」「武士」「公衆道徳」「国家と国旗」「国際協調」。

第三学年は、「自覚への過渡期」と位置付けられました。巻一の口絵は皇大神宮です。一課「み国のはじめ」、三課「日本の子ども」(天皇のしらす国・世界平和・勤勉・奉国)、九課「大神のお使い」(国譲りと出雲大社)、十六課「日の丸の旗」、二十課「皇后陛下」(質素倹約、慈悲恩恵、行啓慰問)と、幼いながらも日本というNation-stateの国民として国柄を知る題目がこれまで通り重視されています。

三課「日本の子ども」と、次の巻三の一課「大日本」は、日本が天皇のしらす国であり、世界平和に貢献する役割があることを端的に述べています。戦時下という押し迫った時局から表現が指導的立場を強調して独善的に響くきらいはありますが、いまだに〝力こそ正義〟の世界にあって、世界に平和を広める日本の役割はこの当時も今も変わりありません。

十六課「日の丸の旗」も、千三百年前の文武天皇の御世（大宝元年の元旦）に朝廷で掲げられた由緒ある日の丸が、国民の意識の統合に大きな力を発揮してきたことが、理屈抜きの誇らしさとして子どもたちの腑に落ちたことでしょう。

また、十一課「にいさん」（兄が戦地で左足にけがしたのでこんどは自分が戦地へ）、十二課「心を一つに」（元寇時に老人男女が子・孫を差し出した）、十五課「消防演習」、十九課「負けじだましい」のように子どもたちにも総力戦への心の準備を促す記述があります。

十二課「心を一つに」の意義について。近代に入るまでで唯一の外国からの大侵攻であった二度の元寇（文永・弘安の役）でも、対馬・壱岐侵攻を受けた後、日本軍はあっと言う間に兵力を集中して博多近辺で敵を撃退し、暴風雨の加勢もあってさしもの大軍も壊滅しました。文永の役の前には、亀山天皇が敵への備えを説かれ、国難にあたって幕府以下一致団結しました。さらに弘安の役の後、亀山上皇と後宇多天皇は、まわりの皆が浮かれているのを戒め、「勝って兜の緒を締めよ」と宣旨《せんじ》を出されています。大陸では日本軍将兵の勇猛果敢さと渡海侵攻の難しさの記憶から、その後の日本侵攻を思い止まらせることとなりました。

一方、季節の移り変わりのすばらしさに気づくような、二課「春」（春のようなほがらかな心の人になって、仲良くくらすようにつとめる）、八課「夏の夕方」（庭に水まきしたら植物が元気に復活する）、十課「秋」（実りの秋、明月がきれい、心もからだも引き締まる気持ちのよいときで、身体を鍛え読書や工夫に励む)、十七課「冬」(子どもたちは麦踏み、海辺の子たちは寒い波風に吹かれて強くなる)といった生活感あふれる細やかな描写があります。人物伝ではよく取り上げられてきたジェンナー、多聞丸(楠木正成)、円山応挙が登場します。

第四～六学年は「自律的な能力が育まれる時期」と位置付けられました。巻二の巻頭には「教育勅語」が、巻三と四の巻頭には「教育勅語」と「青少年学徒に賜りたる勅語」が載せられています。

巻二の二課「君が代」、三課「靖国神社」、六課「日本は神の国」(北畠親房の天皇のしらす国を説く「神皇正統記《じんのうしょうとうき》」)、八課「日本は海の国」(海に守られ、海外に航海し、世界中に国威を発揚)、十三課「明治天皇の御徳」、巻三の一課「大日本」、十四課「皇大神宮」、巻四の一課「大御心の奉体」(教育勅語奉体)、十四課「大嘗祭の御儀」、十六課「日本刀」(平和を愛し美を喜ぶ優美な性情と、善にくみし邪をにくむ道義心との具現)、十八課「帝国憲法」、と国柄を知る題目が述べられています。

巻三の十四課「大嘗祭の御儀」について。去年の十月二十二日、今上陛下の「即位礼正殿の儀」が始まるとそれまでの大雨が止み、日が差して皇居の上に水平の虹が出ました。この〝天皇晴れ〟は新天皇・皇后両陛下とそれを祝う国民への天からの祝福です。量子論的に言えば、動機の純粋な強い集合意識がもたらした自然現象となるでしょうか。上記の、さまざまな神社での祈りの力の強さを当時の子どもたちもきっと感じたことと思います。

さて、先ほど事例を出しましたが、このように戦時の時局を題材にしたものがさまざま登場しました。巻二の二十課「大陸と私たち」、巻三の十五課「特別攻撃隊」(ハワイ真珠湾攻撃にあたり特殊潜航艇の特別攻撃隊は「襲撃に成功せり」との無電を最後に散華)、十七課「よもの海」(大日本は道義の国、神武天皇以来、四海同胞の誼を結んで世界平和をめざしてきた。これを乱すものに対して大東亜戦争ははじまった)、二十課「昔から今まで」、巻四の三課「青少年学徒の御親閲」、八課「国民皆兵」、十九課「戦勝祝賀の日」(シンガポール陥落。太平洋とインド洋をつなぐ関門として大東亜海の守りを固める昭南島となる)、二十課「新しい世界」(大東亜戦争勃発)などです。圧倒的な力の連合国の筋書き通りに流れていく時局に、総力戦を敢行せざるを得なかった日本の苦しい実情と先人の必死の足跡を実感させられます。

以前の戦記物としては、巻三の九課「軍神の面影」(橘中佐と加藤建夫少将)、十一課「山田長政」(シャムで武勲をあげた)、十八課「飯沼飛行士」(亜欧最短飛行記録達成)、十九課「北満の露」(ロシアの捕虜となった二烈士)。

偉人の逸話は期によって変化がありますが、明治天皇、二宮金次郎、伊能忠敬、高田屋嘉兵衛、中江藤樹、吉田松陰、佐久間艇長、北白川宮能久《よしひさ》親王、乃木大将、野口英世などよく取り上げられてきた人たちが登場しています。

その他に、高杉晋作を支えた野村望東尼《もとに》が出てきますが、幕末維新に「こうしたやさしい女の力が、どれだけ新しい日本をつくりあげるのに役だったか、はかり知れないものがある」という記述は鋭く歴史の真理を突いています。

「勝安芳」、「松坂の一夜」（本居宣長）、「間宮林蔵」のような歴史上の人たちだけではなく、巻二に「宮古島の人々」（ドイツの難破船を救済した島民）、「焼けなかった町」（神田佐久間町の話）、「雅澄の研究」（生涯にわたり万葉集の研究を続け、国学の金字塔となった『万葉集古義』を著した鹿持雅澄《しかもちまさずみ》）、「くるめがすり」（十二歳の少女井上伝の創始）と、「工夫する少年」（井上伝と協力して絵絣《えがすり》を創始した田中久重少年）、巻三に「農夫作兵衛」（百姓の手本と称賛された働き者で、飢饉のときに人々のために麦種を残して餓死。その功績はのちに「義農」と称えられた）、「通潤橋」（肥後の石工の高い技術を示す日本を代表する用水）、「久田船長」（船長の鑑・久田佐助）、「瓜生岩子」（孤児・貧民救済に尽力）、巻四に「岩谷九十老《くじゅうろう》」（殖産振興に励み石見尊徳と称えられた）、「ダバオ開拓の父」（マニラ麻栽培により日比友好の礎となった太田恭三郎）、「鉄眼の一切経」（三度目の施財で大事業をなした鉄眼道光《てつげんどうこう》）など、必ずしも有名でないが各方面で有徳な行いをした人たちの事績にふれていて子どもたちに生き方の指標を示しています。

●教科「修身」と「教育勅語」の廃止

ＧＨＱは、マッカーサーの「五大改革指令」に則って、日本の「民主化」と「労働組合の結成奨励」を推進し、教育に手を入れました。そして、かつての「軍国主義」「国家主義」の教育思想を追放するため、「教育に関する四つの解体指令」を出しました。その内の二つについて述べます。

まず、昭和二十年十月二十三日、「日本教育制度に対する管理」に関する覚書で、「軍国主義的極端なる国家主義的イデオロギーの普及を禁止するために、これを助長する目的を持って作成された箇所の削除を求められ、教科書は墨で消されました。

次いで同年十二月三十一日の占領軍指令「修身、日本歴史及び地理停止に関する件」で授業の停止と教科書回収が決定されました。ＧＨＱの要請により昭和二十一年八月に内閣総理大臣の所轄のもと「教育刷新委員会」が設けられました。このメンバーは、同年三月に来日した「日本派遣アメリカ合衆国教育使節団」に協力するために文部省につくられた南原繁東京大学総長を委員長とする「日本側教育家委員会」を前身としています。

「教育刷新委員会」が作成した「教育基本法案要領等」をもとに戦後教育の理念を審議し、文部省、大蔵省、法制局などから議論百出の末、昭和二十二年二月二十八日にようやく「教育基本法案要綱」が成立しました。そして、同年三月三十一日、「教育基本法」制定となり、新しい「学校教育法」が公布され、同時に「国民学校令」が廃止されました。

さて、ＧＨＱの「見えない戦争、思想と文化の殲滅戦」の実行部隊として辣腕を揮った民間情報教育局（ＣＩＥ：Civil Information and Educational Section）は、道徳教育の心柱となった「教育勅語」について扱いに苦慮しました。明治天皇の「教育勅語」そのものは至極真当なものの、超国家主義的解釈と天皇の神格化に結び付いた扱われ方が、戦後という微妙な時期には問題でした。そのような中で、昭和二十一年一月一日に昭和天皇は、「新日本建設に関する詔書」（いわゆる「天皇の人間宣言」）を渙発されました。ＣＩＥはこれで満足したのですが、日本人の精神的武装解除を徹底するためにも「教育勅語」をやめさせたい米国国務省とＧＨＱ民政局は、衆参両議院の文教委員長に指示し、とうとう昭和二十三年六月十九日より、衆参両議院で順次、「教育勅語」、「国民精神作興ニ関スル詔書」、「青少年学徒に賜りたる勅語」が廃止されました。

その後、東西冷戦中「逆コース」の流れのなかで徳育は、昭和三十三年文部省学習指導要領の改訂により「道徳」として復活しました。ただ、この「道徳」は「修身」を否定して実践されました。

その理由をみると、道徳の原理原則を教え込んだだけで、そこから学童が実際の現場でどのように実践するかという能動的視点の教育が欠けていた、ということのようです。

たとえば、私たち医療の現場の一例として、がん告知について「正直」と「思いやり」という徳目の観点でみてみましょう。患者さんの治療機会を逃さないために、あるいは手遅れで緩和に切り替えて残された人生を有意義に送るためには、「正直」な告知が大切です。一方、患者さんによっては「がんでなかったですよ」と言うと「ああよかった。がんでなかったら自分はもういつ死んでもいい」というくらいがんを恐れている人がいます。このような人に「正直」に言うのがよいか「思いやり」で言わないほうがよいか、というような葛藤の生じることは多々ありました。

道徳に限らず、そもそも実社会のなかでは、いくつもの「原則」がお互いの接点で葛藤を生じさせることは避けられないものです。はっきり白黒つけられないグレーのなかで私たちは頭を絞り悩まされながら問題解決に努力して生きています。

つまり、知識として最低限必要な、原則としての「修身」の徳目については、今でも価値を持つものが多々あるので、徳目の位置づけ（まずは知って考える材料にする）とともにこれを教え、さらに実践に向けて考えることの必要性も学年により教えたらよいと思います。

●海外での教育勅語・修身の評価

明治三十八年七月、日英同盟を結んでいた同盟国・英国のロンドン大学のリュッカー学長より、在ロンドン日本大使館を通じて日本国政府に「ロンドン大学での日本の教育に付いての講演会」の依頼がありました。ちょうど、その頃「官定翻訳教育勅語」が完成しました。

明治四十年二月、東京大学総長や文部大臣も歴任した教育行政の大家の菊池大麓《だいろく》男爵がロンドン大学で「日本の教育」について二十五回にわたり講演しました。その成果を二年後に、英文の「日本の教育」（三八八ページ）として出版しました。翌年同じロンドンで開かれた第一回世界道徳教育会議でも政府代表は、「日本の諸学校における徳育」について講演し、いずれも大反響を呼びました。

また、戦後GHQは修身の授業を止めさせましたが、調査にあたった担当官たちは、第一期から第四期までの修身教科書については、むしろ肯定的な評価を下していました。

そして、日本の教育勅語と修身教科書は世界中に広がり、今に至るまで文明国の道徳教育の模範になっています（小池松次『教育勅語と修身』）。

中でも、「強い米国の再建」を掲げた米国のレーガン大統領は、ベトナム戦争後、荒廃しきっていた教育環境を立て直そうとしました。そして、全米人文科学基金理事長のウィリアム・ジョン・

ベネットを教育長官に抜擢しました。彼は、教育勅語と修身に感化され、これらをもとに教育改革を行いました。レーガン政権が終わって民間人になると、修身教科書の様式を参考にして一九九三年に『The Book of Virtues（「美徳の教本」の意。邦訳本：『魔法の糸』）』を著し、全米で聖書に次ぐ大ベストセラーとなりました。

最後に

言うまでもなく、私たちは先人たちのおかげで今の自分があるのです。したがって先人たちの足跡を知ることは私たち自身を知ることにもなります。当時を今の後知恵で評価するのではなく、まず虚心坦懐に当時を一生懸命に生きた人たちの息吹と歩みを感じていただければと思います。

戦後私たちは、勝者である米国により、今まで見てきた先祖が築いてきた国柄や心を、強制的に失わされてしまいました。そして日米安保の枠組みの下、米国の圧力に屈し続けてきた我が国の現状を見ると、連合国が作った大きな流れの中で抗《あらが》えず、結果として敗ける戦争をしてしまったということの重大さを痛感させられます。

そのような結末になるとは考えずに、ただ今の中に生き、子どもたちを慈しんだ多くの先人たちに想いをいたすと、労《ねぎら》いと感謝が尽きません。

そして当時も今も変わらず、〝力こそ正義〟の世界です。私たちが世界の荒波で生きていく単位は〝国〟です。戦後、ＧＨＱによりもたらされた自由主義、個人主義を謳歌できるのも国あってこそです。あらためて歴史・文化の流れのなかに生きる個人の存在基盤としての国を意識することが大切です。そして、当時の人と、世界で生き延びることの困難を共有できたら、それを私たちの現実社会に活かすように、内外の事勢を的確に捉え、俯瞰的に見て熟慮し、適切な判断を下して我が身を生かし国をよくするように行動していきたいものです。本書を読まれて先人への感謝の念がさらに強くなられたならば望外の喜びです。

昭和十七年二月廿一日發行
昭和十八年十月廿二日修正印刷
昭和十八年十月廿五日修正發行
昭和十八年十月廿六日翻刻印刷
昭和十八年十二月廿一日翻刻發行

初等科修身一

新 定價金拾八錢

か

昭和十八年十月廿九日
文部省檢査濟

著作權所有

著作兼發行者 文部省

翻刻發行兼印刷者 東京都王子區堀船町一丁目八百五十七番地
東京書籍株式會社
代表者 井上源之丞

印刷所 東京都王子區堀船町一丁目八百五十七番地
東京書籍株式會社工場

發行所 東京書籍株式會社

『初等科修身』について

昭和十六年四月一日、小学校令を改正した「国民学校令」が施行され、国民学校が発足。本書の底本『初等科修身 一〜四』は、国民学校が刊行した唯一にして最後の国定修身教科書（第五期）である。対象は、大戦下の国民学校初等科三年から六年までで、初等科一、二年生は、『ヨイコドモ 上・下』を用いた。本書は、陸軍省軍務局長や海軍省教育局長らが文部省参与として編纂に強く関わったために、第四期までとは趣が異なり、新しい大東亜建設のために国民の奮闘努力を促す記述が登場した。（矢作直樹「解説」より）

編集協力：和中光次

［復刻版］初等科修身

令和２年４月７日　第１刷発行
令和６年５月27日　第６刷発行

著　者　文部省
発行者　日高 裕明
発　行　株式会社ハート出版

〒171-0014 東京都豊島区池袋 3-9-23
TEL03-3590-6077　FAX03-3590-6078
ハート出版ホームページ　http://www.810.co.jp

Printed in Japan　ISBN978-4-8024-0094-7

印刷・製本 中央精版印刷株式会社

［復刻版］**女子礼法要項**

日本の女子礼法教育の集大成

竹内 久美子 解説

ISBN978-4-8024-0173-9　本体 1400 円

［復刻版］**中等修身**［女子用］

『女子修身』こそ国家の根本、国体の本義

橋本 琴絵 解説

ISBN978-4-8024-0165-4　本体 1800 円

［復刻版］**高等科修身**［男子用］

今の日本だからこそ必要な徳目が身につく

高須 克弥 解説

ISBN978-4-8024-0152-4　本体 1500 円

［復刻版］**国民礼法**

ＧＨＱに封印された日本人の真の礼儀作法

竹内 久美子 解説

ISBN978-4-8024-0143-2　本体 1400 円

［復刻版］**初等科修身**［中・高学年版］

ＧＨＱが葬った《禁断》の教科書

矢作 直樹 解説・推薦

ISBN978-4-8024-0094-7　本体 1800 円

［復刻版］**ヨイコドモ**［初等科修身 低学年版］

低学年の時からこんな道徳を学んでいた！

矢作 直樹 推薦

ISBN978-4-8024-0095-4　本体 1600 円

［復刻版］**中等歴史**［東亜及び世界篇〈東洋史・西洋史〉］

驚くほど公正な戦時中の中等学校「世界史」

三浦 小太郎 解説

ISBN978-4-8024-0133-3　本体 1700 円

［復刻版］**高等科国史**

世に出ることのなかった“幻の教科書”

三浦 小太郎 解説

ISBN978-4-8024-0111-1　本体 1800 円

［復刻版］**初等科国史**

ＧＨＱが廃止した我が国最後の国史教科書

三浦 小太郎 解説　矢作 直樹 推薦

ISBN978-4-8024-0084-8　本体 1800 円

［復刻版］**初等科地理**

ご先祖が学んだ我が国と大東亜の“地政学”

宮崎 正弘 解説　矢作 直樹 推薦

ISBN978-4-8024-0123-4　本体 1700 円

［復刻版］**初等科国語**［中学年版］

日本語の美しい響きと力強さ、道徳心を学べる

葛城 奈海 解説　矢作 直樹 推薦

ISBN978-4-8024-0103-6　本体 2000 円

［復刻版］**初等科国語**［高学年版］

道徳的価値観に基づく愛の心に満ちた教科書

小名木 善行 解説　矢作 直樹 推薦

ISBN978-4-8024-0102-9　本体 2500 円

［復刻版］**よみかた**上・下［初等科国語 低学年版］

低学年の時からこんな国語を学んでいた！

佐波 優子 解説　矢作 直樹 推薦

ISBN978-4-8024-0100-5 箱入り 本体 4500 円

［現代語訳］**是でも武士か**

「南京大虐殺」プロパガンダのルーツがこれだ

大高 未貴 解説

ISBN978-4-8024-0175-3　本体 2200 円

ウイグルを支配する**新疆生産建設兵団**

東トルキスタン秘史

ムカイダイス 著

ISBN978-4-8024-0160-9　本体 1600 円

日本よ、歴《れっき》とした独立国になれ！

アメリカの戦勝国史観から脱却する時は令和《いま》

山下英次 著

ISBN978-4-8024-0164-7　本体 1800 円